税理士の
スキルアップ民商法

山下 眞弘

ひとまず
読みたい
実践の書

税務経理協会

は し が き

本書の目的

　税理士として実務をスタートしますと，**民商法の基本的な最新知識**が必要となる場面に遭遇するはずです。現行の税理士試験では実務に必要な民商法が課されないため，とくに登録当初は業務遂行に支障を生じる懸念がないとはいえません。そうはいっても日常の多忙な業務に追われる中，民商法の基本を押さえる時間的な余裕も見出し難いでしょう。そこで著者は，特に登録して間もない税理士の方々の負担を多少なりとも軽減できるよう本書を執筆しました。これによって，税理士のさらなるスキルアップに役立てば幸いです。

　著者は研究の道を志して半世紀，そして40年以上も大学で会社法を中心に広く企業法を研究しながら，四半世紀に渡って各地の税理士会において，税理士登録時研修「民法・商法・会社法」で実践的な講義をしてきました。税理士の方々から多種多様な質問を受ける機会を通して，**税理士の日常的な業務**も垣間見ることができました。弁護士として，あるいは労働委員会の公益委員としても実務経験を積むことができました。このような経験を活かし，本書では税理士研修の内容を含めハイレベルな課題についても**実務に役立つ解説**を試みています。本書によって，**生きた民商法の理解**が深まることを願っています。

本書の特色

　本書で採り上げる内容の多くは，現実に**税理士実務の中で生じた問題**

1

をもとにしています。**基本的な問題からハイレベルな議論まで**取り扱っていますので，ベテランの方々にも読み応えがあるはずです。本書は民商法の実務解説を中心としますが，税理士として業務を完全に遂行するには，税法はもとより相続法を始めとする民商法の知識だけでは十分でなく，税理士は専門性豊かな**博学であると同時に幅広い雑学**も求められます。たとえば，**株式相続による事業承継**の場面などでは総合力が試されます。そこで，本書では民商法以外の諸法（たとえば**信託法**や**労働法**ほか）についても，税理士実務に関係するものであれば，紙面の許す限り解説しています。

　なお，本書では「**民商法**」というタイトルを使用していますが，民商法という法律があるわけではありません。商法は民法に対する特別法で，深い関係にある両者を切り離すのではなく，**相互に往復しながら民商法**として議論するのが効率的です。そして，民商法には会社法なども含むのが一般的な理解です。

本書の構成

　本書は，＜序章＞民法・商法・会社法の現在，＜第１章＞民商法の基礎知識，＜第２章＞事業承継と民商法，＜第３章＞中小企業と会社法，＜第４章＞ハイレベル実務知識，そして，＜第５章＞税理士が知って役立つ実践論で構成されています。そして末尾には，＜**参考資料**＞として，税理士実務に必要な範囲に限って，①**近年の法改正ポイント**，②近い将来実現される**立法案**や法改正の概要および③**最新**の**参考文献**等を掲げてあります。

　本書は，主として**登録時の税理士**の方々に読んでいただきたいガイドブックですが，登録後年月を経て新たに登場した最新の情報を確認するなど，**ベテラン税理士**の方々が実務を進める中で生じた疑問に対応でき

る実践の書でもあります。さらに，**実践的な民商法の知識**を求められる**社会保険労務士**など他士業の方々にとっても，本書は有益な情報源となることでしょう。本書の目的を実現するため，実務経験に基づいた税理士の有益な意見を随所に反映させてあります。

　なお，本書の刊行につきましては，税務経理協会の峯村英治氏をはじめ編集部の佐藤光彦氏に大変お世話になりました。ここに感謝の意を表します。

　2021年5月

山下　眞弘

凡　例

（判例出典略語等）

最判：最高裁判決　**最大判**：最高裁大法廷判決

（**判決**は裁判所が原則として**口頭弁論**を経て行う裁判）

最決：最高裁決定　**最大決**：最高裁大法廷決定

（**決定**は裁判所が口頭弁論を経て行うのを要求されない裁判）

民集：最高裁民事判例集　**判時**：判例時報

目　　次

1

＜参考資料＞

序 章

民法・商法・会社法の現在

1 民法・商法・会社法とは

　民法は人と人の間の取引関係や身分関係を規制する基本法です。たとえば，**物の売買も民法の規制対象**ですが，これを営利目的で多数回にわたり行うような場合は，一般原則を定める民法では合理的な規制ができず，それに対応するため，**民法の特別法として商法**が登場します。

　商法典は個人商人を規制する法律で，複雑な組織である会社を直接の規制対象とはしません。そこで，組織法としての性格をもつ**会社法典**が登場します。過去には会社を規制する会社編も商法典の中にありましたが，2005（平成17）年に会社法という名称の法典が制定され商法典から独立し，その翌年から施行されましたが，その後も会社法は頻繁に改正が重ねられています。

　なお，商法や会社法で特別に規制されない事項については，民法が適用されることになります。そういう意味で，**民法は一般法**という位置づけと理解されます。したがって，民商法の全貌を把握するには，基本原則である民法を実践的に理解する必要があり，そのためには，一般法と特別法の関係にある**民商法**を全体として往復しながら議論するのが理解

の早道となります。

❷　民法の現在

　①改正債権法は2020（令和２）年４月に施行され，②改正相続法も個別に施行されました。原則的な施行日は2019（令和元）年７月１日ですが，自筆証書遺言の方式緩和は前倒して同年１月13日，配偶者短期居住権・配偶者居住権は2020（令和２）年４月１日，そして，自筆証書遺言の保管制度は同年７月10日に施行されました。なお，施行日以降に被相続人が死亡した相続について適用されます。また，③民法上の成年年齢が2022（令和４）年４月１日から18歳に引き下げられます。

❸　商法・会社法の現在

　①大改正後の会社法は2015（平成27）年に施行され，これが現行会社法ですが，2019（令和元）年に主として大会社を対象とする一部改正も実現しました（2021（令和３）年３月１日施行）。商法典から会社編が抜けた後の商法総則・商行為法は大幅に縮小されましたが，②民法改正との関係で，さらに商法・会社法も小幅な改正がなされ，原則として民法施行と同時に施行されます。

❹　2023（令和５）年度施行予定の立法改正案

　このように民法・商法・会社法の分野は，目まぐるしく変動しており，税理士実務にも重要な影響があります。さらに，2023（令和５）年度から順次施行予定の所有者不明土地対策を目的とする民法・不動産登記法

改正案にも留意すべきで，この改正は**相続登記を義務化**するもので，法相の諮問機関である法制審議会は，2021（令和3）年2月10日に改正案を答申しました。

第1章

民商法の基礎知識

1 民法と商法・会社法の関係

(1) 民法があるのに，なぜ商法が必要か

民法や商法・会社法は，それぞれ民法典や商法典・会社法典を意味する場合もありますが，もっと広い意味で使われることもあります。本書では，民法や商法等という名称の法典に限らず，広い意味で民法や商法（会社法も含めて）の用語を使います。そして，これらを一括して**民商法**とも総称します。

商法は民法の「**特別法**」（この名称の法律はありません）であるといわれます。民法は一般の人，つまり非商人（法人も含めて）を規制の対象としているのですが，この民法をそのまま商取引の世界に持ち込むと不都合が生じます。たとえば，勤務先から給料をもらって暮らす一般の人は，とりたてて営利を追及することはないはずですが，営業活動（商取引）をする商人は営利を追及する存在ですから，営利追及の目的を達成できるように**迅速性**を求めて民法の規定を修正したり，**特別な制度**を置いたりする必要があります。そのような目的に適合する法として商法（商法典）や会社法（会社法典）が登場したわけです。

このように，商法は民法と深い関係がありますので，商法を知ることで民法の基本原則が生きた形で理解できることが少なくないのです。たとえば，民法が定めている「人」「法人」「法律行為」に対応するのは，商法では「**商人**」「**会社**」「**商行為**」となります。「法人」は会社を理解する基本であり，取引に関しては「契約」「代理」「行為能力」「消滅時効」などが特に重要な制度です。

　なお，もともと「**会社法**」（会社法編）は商法典の中にあったのですが，2005（平成17）年に独立しました。会社に関する会社法は，経済の変動とともに頻繁に改正する必要があるため，独立させたほうが便利だからです。その結果，商法典は「個人商人」に関する法となりました。その後，2014（平成26）年に会社法が改正され，2015（平成27）年4月から改正法が施行されました。さらに，2019（令和元）年にも，主として**大会社を対象とした改正**が実現しました。

(2)　民法と商法の接近化

　民法と商法に関する直近の改正によって，**両法の接近統一化**が進んできました。たとえば，**債権の消滅時効**の期間を10年間としていた改正前の民法167条が改正され，改正民法166条で**商事消滅時効**を定めた商法522条に接近したため，一本化して商法522条が削除されました。すなわち，債権者が権利を行使できることを**知った時から5年で時効消滅**にかかり，また，権利を行使できるときから10年で時効消滅が成立します（民法166条1項）。**法定利率**についても，利率を年5分としていた民法404条が改正され，**変動利率**になりました。その結果，法定利率は年3％とされ，3年ごとに見直し変動します（民法404条2項・3項）。そこで，民法に合せて**商事法定利率の商法514条が削除**され一本化しました。このように民法と商法の接近化がみられますが，一般原則を定める民法

に対して，商事に関して特有な規定を置く商法の存在意義は失われていません。それについて，以下，みていきます。

(3)　商法はどのような場面に適用されるか

　商法4条1項によれば，**商人とは**「自己の名をもって**商行為をする**ことを業とする者」と定義されています。つまり，「商行為」（商法501条・502条）から商人を導いて商法を適用します。ここでいう商行為には，絶対的商行為と営業的商行為があります。**絶対的商行為**は，利益を得る目的で，たとえば動産や不動産などを**安く仕入れる行為**とか，**仕入れた物を転売する行為**が典型で，1回限りでも行えば商行為が成立するものです（商法501条）。でも，1回限りで成立するという点については問題もありそうです。後者の**営業的商行為**は，営業として行えば商行為となるもので，絶対的商行為に比して営利性が弱い性質を持っています。たとえば，**賃貸物件の有償取得**とか，**取得した物件を賃貸**する行為が典型です（商法502条）。具体的には，それぞれの条文に商行為の類型が列挙されています。

　これらに対して，商人が営業のためにする行為に商法を適用する**附属的商行為**（商法503条）があります。**商人から商法の適用場面を導くわけ**です。たとえば，**商人が店舗を拡張する目的で資金を借り入れる行為**がその例です。一般に借りた資金を子供の学費に充てた場合は，民法の世界ですが，いずれか使途が不明な場合に備えて，**営業のためにするものと推定**し（同条2項），商法が適用されます。資金を営業以外に使用することを証明すれば，民法の適用対象とされます。民法と商法とで法定金利が異なった過去においては，この場面でいずれの法律が適用されるかで結果が違いましたが，法定金利は現在では統一されました。

　商人と取引する非商人に，民法・商法のどちらを適用するかですが，

これは**一方的商行為**（商法３条）の問題で，**双方に商法が適用**されます。民法と商法のいずれかに統一しないと規制が不能になります。ただし，商法の適用に当事者**双方が商人であることを要する場合**もあります（商法513・521・524－528条）。

（4） 擬制商人とは（商法４条２項）

商法501条や502条の**商行為をしなくても，商人とみなされる場合**もあります。これが**擬制商人**で，設備に着目します（商法４条２項）。自分の畑で採れた農作物を売り歩く行為は民法の世界（売買）ですが，店を構えて販売すれば商法の世界になります。**他者から安く仕入れていないので商行為ではない**のですが，設備によって物品の販売をすれば**擬制商人**となります。

ところで，**信用金庫**（最判昭和63年10月18日民集42巻８号575頁）や**信用協同組合**（最判昭和48年10月５日判例時報726号92頁）は商人でしょうか。いずれも判例は，**営利性がないことを理由に商人性を否定**しています。しかし，これらの組織の行為は株式会社である銀行と実質的に変わりがないため，一般人を対象とする民法よりも商法を適用するのが望ましいはずです。それでは芸術家，医者，病院経営者，弁護士はどうでしょう。いずれも営利追求を目的としないことに注目すれば，基本的に商人と認められそうにありません。しかし，たとえば大病院などは，商人たるホテルに近い側面も規定できないでしょうから，将来的には商法の適用が検討される余地もあります。

（5） 商人となる時期

いつから商人になるでしょうか。これを議論する意味はどこにあるのでしょうか。**会社は設立登記で会社として生まれます**ので明確ですが，

個人商人には設立登記がないため，いつ商人になるかが不明なのです。個人には民法が適用されますから，**商法が適用される商人となる時点**が問題とされます。営業を開始すれば疑うまでもなく商人になりますが，開業前の段階でもたとえば店舗の賃借，資金の借り入れ，広告宣伝など諸活動をしています（**開業準備行為**）。そこで，**営業開始の準備段階での資金借入れ等は民法の適用場面か商法なのか**が問題となります。客観的に見て営業を開始することが外部から分かれば，営業開始前でも商人の行為と認めるべきでしょう。

(6) 会社とは－法人制度の意義は

会社とは「営利」を目的とした「社団」で「法人」（会社法3条）ということができます。会社は一定の目的のために集まった**人の集団**です。集団の内部で構成員がどのように集まり，結合しているのかによって人の集団は二つに区分されます。1つは**組合**です。構成員は他の構成員との契約によって直接に結びついていて，それによって団体ができあがります。この組合という結合の仕方をしている典型的な例が「**民法上の組合**」契約（民法667条1項）で，お互いに契約関係にあります。もう1つが**社団**で，会社はこのタイプに属します。結合するといっても，構成員同士が直接的に契約で結びついているのではありません。構成員は団体と契約することによって結合し，構成員同士は団体を通じて間接的に結びついています。社団というだけではPTAや自治会などと同じで，これには**権利能力**（権利や義務の主体になる能力）がなく契約の当事者にもなれません（権利能力なき社団＝法人格なき社団）。したがって，預金すら団体名ではできず，代表者の個人名でするほかありませんが，社団に法人格を付与すれば会社のように契約の当事者となれるわけです。法人格を付与されることで権利能力が認められ，生きている人（自然人）と同

じように契約もできます。

　なお，団体には人の集団ではなく，**一定の目的のために捧げられた財産の集団**（財団）もあります。財団に法人格を与えると**財団法人**となります。たとえば，会社の財産の一部を財団にして，研究開発に役立てるため社外に財団法人として独立した組織にすれば，その会社の債権者から財団の財産を守ることができ，安定した研究開発ができることになります。

❷　商法・会社法に直結する民法規定（商法1条2項参照）

(1)　公 益 法 人

　公益法人に関する民法規定は，法人の成立および能力等の規定を残して，民法38条から84条まで2006（平成18）年改正で削除されました。そして，新たな**公益法人制度に基づく特別法**（「一般社団法人及び一般財団法人に関する法律」および「公益社団法人及び公益財団法人の認定等に関する法律」）によって，従来の社団法人・財団法人は「一般法人・公益法人」に分別され，一般法人は「登記のみで設立」できるようになりました。なお，公益法人として認定（許可）されるには，所定の公益事業のいずれかを主な事業目的とする必要があります。

(2)　法律行為―契約，単独行為，合同行為

　法律効果を発生するものとしては，**申込と承諾**の意思の合致で原則的に法律効果を生じる**契約**（売買や賃貸借など）が最も重要です。その他にも一方的に法律効果を生じさせる遺言のような**単独行為**もあり，会社設立のように多数の意思が目的に向かうことで法律効果が生じる**合同行為**もあります。

　そして，契約の中には目的物の引き渡しが成立要件とされる**要物契約**と合意だけで足りる**諾成契約**があり，また契約の成立に一定の形式（書面によるなど）が求められる**要式契約**と**不要式契約**があります。民法では契約の種類について，贈与（549条以下）・売買（555条以下）・賃貸借（601条以下）・委任（643条以下）など13のタイプを規定していますが，これらは典型的な契約で13種類に限定されません。経済の発展に伴って，新しい契約類型も登場してきます。

　たとえば，税理士と顧問先（関与先）の関係は**委任契約**です。顧問先が税理士に**委託**し税理士が承諾することで**委任契約**が成立します。委託は個別に事務処理を依頼する場合に用いられます。これが**委託と委任の関係**です。そして，顧問先から税理士に税務に関して**代理権**が与えられます。次の項目で代理権について説明します。

(3)　代理（民法99条以下）—代表とどこが異なるか

　会社の代表取締役は代理ではなく**代表**（会社法349条1項）であるとされますが，基本的なところは代理と変わりがなく，現在では区別する実益はないと理解されています。よく誤解されるのは**代理と委任の関係**ですが，両者は別物です。委任者（顧問先）と受任者（税理士）の当事者の**内部関係が委任**で，**代理は第三者との関係**であるという点で区別できます。そして，委任契約には代理権授与を通常は伴います。

　代理について解説しますと，たとえば，AがBに対して売買取引に関する代理権を授与したとします。代理人Bが権限内の取引行為を第三者Cと行えば，法的効果が直接的にA・C間で成立することになります。そこで，代理は第三者との関係ということになるわけです（民法99条以下）。

(4) 無効・取消（民法119条以下）―ふたつを使い分ける基準

　無効というのは，麻薬の売買など**公序良俗に違反する行為**（民法90条）が典型例で，始めから法律効果がないものです。これに対して，取消しは「取り消すことができる」というもので，典型例は親などの同意を得ないでなした未成年者の売買などの法律行為です（民法5条2項）。**取り消せば無効**となりますが（民法121条），取り消さないまま時を経過すれば**有効**に確定します。つまり，**取消しというのは有効と無効の選択ができる制度**ともいえます。なぜ，未成年者の単独行為が無効にされず**取消しができると規定**されたのでしょうか。それは，未成年者の保護になるからです。**無効**であれば法律効果がないため，未成年者にとって有利な契約であっても効果がないことになりますが，**取消し**ができるということでしたら，不利な取引の場合に取消しをすればよく，未成年者にとって好都合です。この未成年者の例について**取消権**を有するのは，未成年者自身に限られず親なども含まれます。もちろん，単独で有効な法律行為のできる**行為能力**が制限されるのは，未成年者だけではありません（民法7条以下参照）（☞**本書第4章の3「成年後見制度」**）。

　以上で**無効と取消しの区別**はつきましたが，無効には麻薬の売買の例でみるように**絶対的な無効**もありますが，そうでない無効もあります。**当事者の一方しか主張できない無効**というものもあるのです。たとえば，泥酔状態の人と取引したような場合には無効とされますが，それは泥酔者を保護するためですから，酔いが覚めてから取引が有利だと判断すれば無効とする必要はないわけです。そこで，このような場合は，**泥酔者からは無効を主張できますが，取引相手からは無効を主張できない**と理解されています。取引相手は取引の有効を期待していたはずですので，無効を主張する立場にないというのがその理由です。

　さらに，無効が絶対的無効では困る場合もあります。ＡとＢの取引が無効とされた場合に，さらに事情を知らないＣ（これを**善意の第三者**といいます）が登場する場合です。Ａ・Ｂ間の取引の無効を，善意のＣには主張（対抗）できないという扱いをすべき場合もあるわけです。知っているのは**悪意**といいます。

(5)　権利能力・意思能力・行為能力

　権利能力は法律行為の主体となる能力のことで，**権利や義務の主体**になる能力という意味です。犬や猫にはありませんが，人であれば誰でも生まれれば権利能力を有します（民法３条）。なお，「人」（自然人）以外で権利能力を有するのは「**法人**」です。ただし，法人の権利能力は法人の**目的の範囲内**で認められる点で人と異なります。**意思能力**というのは，物事の分別ができる能力で，たとえば泥酔状態にあれば意思能力がないとされます。**意思能力**がなければ法律行為は**無効**となります（民法３条の２）。この規定は2017（平成29）年に追加されました。**行為能力**は，単独で法律行為をする能力のことで，行為能力が制限され保護される類型として，未成年者（民法４条以下），成年被後見人（民法８条以下），被保佐人（民法12条以下）があります。いずれも意思能力があるため無効とせず，単独でなした法律行為は取り消すことができます（☛**本書第４章の３「成年後見制度」**）。

(6)　消滅時効（民法166条）―民法にない除斥期間と区別

　債権は一定期間権利行使をしないと，**時効**によって消滅します（民法166条）。ただし，当然に消滅するのではなく，当事者による**援用**（主張）が前提です（民法145条）。したがって，裁判所が勝手に時効の完成を前提に裁判をすることはできません。時効の**停止・中断**という用語は，

2017（平成29）年改正によって，それぞれ時効の**完成猶予・更新**（民法147・148条）に変更されました。完成猶予とは，時効の完成が一定期間猶予されることで，更新はこれまでの時効期間の効力が失われ，ゼロに戻って新たに時効期間が進行するというものです。なお，課税庁など役所が定める申告期間には完成猶予・更新がなく，これは時効とは違って**除斥期間**と理解されています。その期間が過ぎれば不利益を受けます。なお，消滅時効も除斥期間も両制度の沿革は共通していたようですから，紛らわしいわけです。

(7) 期限・期間（民法139条以下）—初日不算入，時間は即算入

日，週，月または年によって期間を定めたときは，期間の**初日は参入しない**のが原則ですが，その期間が午前零時から始まるときは初日も参入します。なお，時間で期間を定めたときは即時起算します。

(8) 契約が特に重要

民法第3編の債権法の中でも，第2章の契約が税理士実務にとって重要です。契約として13の類型が規定されていますが，特に贈与，売買，消費貸借，賃貸借，雇用，委任，不法行為などに注目すべきでしょう。本書の中で重要な項目について個別に解説していますが，ここでは税理士が入力作業などのため**事務補助者が必要となった場合の契約書**の一例を，以下に掲げておきます。

業務委託契約書

＊＊＊税理士事務所（以下「甲」という）と＊＊＊（以下「乙」という）は，次の通り契約を締結する。

第1条（目的）

甲は，乙に対し，甲の税理士業務に係る入力作業等の事務補助（「本件業務」という）を委託し，乙はこれを受託する。

第2条（報酬及び支払）

報酬は，1時間単位で計算し，1時間につき＊＊＊円とし，＊＊＊＊の方法にて，本件業務の区切りごとに支払うものとする。

第3条（契約期間，解約の告知）

1　本契約の有効期間は，＊＊年＊月＊日から＊＊年＊月＊日までの1年間とする。

2　本契約の延長については，契約満了の2か月前までに両者が協議のうえ定めるものとする。

3　前2項の規定にかかわらず，甲および乙は，2か月前に予告の上，本契約を解除することができる。

第4条（守秘義務）

乙は，本件業務に関して知りえた情報を外部に一切漏らさないことを誓約したものとする。なお，本契約に定めなき事項等については，甲乙誠意をもって協議するものとする。

以上，本契約の成立を証するため，本書2通を作成し，甲乙記名捺印の上各1通を保有する。

　　　　　　　　　　　　　　　　　　　　　　　　　　　＊＊年＊月＊日

甲：住所

＊＊＊税理士事務所　所長＊＊＊＊　　印

乙：住所

＊＊＊　　　　　　　　　　　　　　　印

なお，**国際取引では契約書がすべてを決定する**ことには，特に留意す

べきです。近年は中小企業の海外取引（中国・韓国など）も盛んですが，国内の取引慣行と異なって，海外では「契約書」の記載内容がすべてであるという国際ビジネスの特殊性に留意すべきです。万一の紛争に備え「誠意をもって協議する」旨の記載が国内契約では目立ちますが，具体的内容がないため海外では通用しません。契約書以外に覚書きなどで特別の合意をしても効力がなく，**契約書がすべて**です。契約書の外で何を取り決めても効力がないのです。しかも，一方に特に有利な契約条項は，国によっては無効とされるので，相手方の国内法を十分確認する必要があります。また，当事者のどちらが契約書を提示するかは，通常は力関係で決まり，提示された側が修正を求めても，その採否も力関係で，幾たびかの交渉の結果，相手方から再提示された契約書が，こちらの要求の通りに修正されていない危険性もあるため，契約書の確認は特に慎重になすべきです。なお，**税制が異なる海外との取引**では，税の負担についても具体的に協議し契約書の中に明記しておくのが安全です（菊地正登『海外取引の成否は「契約」で９割決まる』（幻冬舎，2018）参照）。

(9) 事務管理（民法697条）—契約がないのに債務発生

これは，頼まれなくても他人のために管理を始めれば途中で投げ出すのは禁物ということです。義務がなかったのに，ひとたび行動を起こせば最も本人の利益になる方法で**管理義務**を課されることになります。これは事務作業の話ではありません。たとえば，隣人の旅行中に台風で窓が破損した場合に，親切心で修繕を始めれば途中で止めてはいけません。もちろん，修繕に要した費用の請求は認められます。

(10) 不当利得（民法703条）

たとえば売買契約が無効なのに誤解して買主が代金の支払いをしたと

か，すでに支払っていたのに代金を二度払いした場合など，**法律上の原因なく他人（買主）の財産または労務によって利益**を受け，その結果，他人に**損失**を及ぼした場合は，**不当利得**として，（売主は）「利益の存する限度」で返還する義務を負います。ここで**利益の存する限度**というのは，原物が残っていればそのまま返還し，利得が形を変えたとしても残っている限り（現存利益）返還するということです。ただ，利得した金銭を他人に貸した後，その他人が倒産した場合はどうなるでしょうか。あるいは，利得した金銭を生活費に充てたが，困窮度が酷く返還が困難な場合はどうなるでしょう。いずれも，原則として返還の免除はないといえますが，一律に満額の返還を義務づけるべきかについては，個別の事情も考慮して意見が分かれそうです。

⑾　不法行為（民法709条）と債務不履行（民法415条）

税理士の民事責任としては，**債務不履行責任と不法行為責任の双方**を負う可能性があります。これを**請求権競合**といいます。もちろん，債務を二重に負うということではなく，債務を負う根拠が２つあるということです。これを具体的にみていきましょう。

税理士と顧問先とは**委任契約関係**にあります。契約関係にあるということが「**債務不履行責任**」の根拠となるのです。これに対して，「**不法行為責任**」は契約関係の有無にかかわらず発生します。**債務不履行責任と不法行為責任に基づく請求権が競合する**というわけです。ゆえに，税理士は顧問先に対して観念的に両責任を負うことになります。そこで，責任を追及する側としては両責任のうち有利な方を選択して追及してきます。**いずれの責任追及手段がどの点で有利**なのでしょうか。そして，その理由が問題です。これについて，次の項目で説明します。なお，いうまでもなく，一方の責任追及に応じれば二重に責任を問われることは

ありません。また，**税理士と第三者とは契約関係がないため，損害が発生した場合には不法行為責任だけが問われる**ことになります。

　そこで，**債務不履行責任と不法行為責任の関係**について説明します。故意・過失の立証責任の負担者が両者で逆転するのはどうしてかについて考えます。契約責任である**債務不履行責任**では，故意・過失の立証責任は税理士が負担しますが，**不法行為では逆に顧問先が立証責任を負います**。その理由ですが，税理士は契約に基づいて委託された事務を処理する義務を負っていますから，　何かトラブルが生じれば，税理士が自分に落ち度がないということを立証すべき立場に立たされるわけです。税理士に委託した顧問先は，損害の発生だけ主張すればよいのです。そこで，立証責任は税理士が負うというわけです。

　これに対して，**不法行為責任は契約があってもなくても生じる責任**と理解されています。例えばボールがあたって負傷した場合は契約関係がないため，責任を追及する側が賠償を求める相手の故意・過失を立証することになります。被害者側から誰がボールを投げたのかを明らかにして賠償請求をすべきことになります。そうでないと，単なる通行人が理由もなく損害賠償を求められる危険があります。通行人側としては，自分がボールを投げていないということを立証するのは不可能です。

　なお，**消滅時効期間**についても債務不履行責任と不法行為責任で相違があります。前者，**一般の債権の消滅時効の時効期間は，「権利を行使することができることを知った時」**（主観）から5年間，**「権利を行使することができる時から」**（客観）10年間，それぞれ権利を行使しないときは時効によって消滅します（民法166条1項1号・2号）。後者，**不法行為による損害賠償請求権の消滅時効**については，被害者等が「損害および加害者を知った時」から3年間，**「不法行為の時から」**20年間，それぞれ権利を行使しないときは，時効によって消滅します（民法724条）。

これらは一般原則で，上記いずれの消滅時効期間についても，特別な
ルールが用意されています（民法167条以下，724条の2）。請求する側に
とりましては，時効期間が長い方が有利といえそうです。

⑿　担保物権（民法369条以下の抵当権・根抵当権）

ここでは，**抵当権と根抵当権**を比較してみましょう。抵当権について
ですが，住宅ローンが弁済されると被担保**債権が消滅**するため，抵当権
も当然に消滅します。たとえば，A会社（**債務者＝抵当権設定者**）がB銀
行（**債権者＝抵当権者**）で融資を受け，C保証協会がこれを保証した場合
に，Aが弁済を滞りますと，BはCに「**代位弁済**」を求めます。Cが弁
済した結果，Cは，Bが有していたAに対する債権を取得しますが，こ
れに伴って**Bが有していた抵当権もCに移転**することになります。これ
によって，**CのAに対する求償権が担保**されるわけです。最終的にはA
が支払うべきものだからです。しかし，抵当権は個別の取引に向いてい
ても，継続的取引には不便です。A会社がB銀行から融資を受けて**抵当
権を設定**（登記）した場合は，その弁済によって債権債務関係が消滅す
るため，債権ごとに抵当権を繰り返し設定しなければならず，その都度
手間と登記等の費用がかさみます。そこで，根抵当権が登場します。

根抵当権は，このような手間と費用を避ける方法として登場しました。
A会社とB銀行の間での一定の範囲の債権（たとえば銀行取引）について
5億円を限度（**極度額**）に根抵当権を設定すれば，その範囲内でなされ
た複数の取引で債権が複数発生しても5億円までは担保されることにな
ります。

なお，担保物権には，抵当権のほかに留置権（民法295条以下）もあり
ます。**留置権**は，抵当権のように**設定**するのではなく，**法律上当然に生
じる担保物権**です。たとえば，動産の例を挙げますと，時計の修理代金

が支払われるまで，修理業者（留置権者）は時計の返還を拒むことができる（留置）ということになります。留置権の対象は「物」ですから，不動産でも同じことです（☛本書第４章の10「抵当権と留置権の優先関係」）。

③ 民法・税法の密接な関係

(1) 「借用概念」と「みなし規定」

借用概念とは，たとえば「住所」を例に挙げますと，税法にはどこにも定義規定がありません。そこで，住所を定めている民法22条の概念を使うことにしました。これが借用概念で住所に限られず「相続」などについてもそうです。民法では，住所は**「生活の本拠」**と定義されます。住民票は生活の本拠を判断する手がかりに過ぎないわけです。したがって，住民票に記載されていなくても，市町村は，**生活の本拠地を住所**として，その市町村が課税できるということになります。ただ，現実の運用は住民票に依拠する例が多いと思われますが，税負担の軽減免除を目的として，居住実態のない所へ住民票を移すなど悪用された場合には，生活の本拠地をもとに課税されることになります。このように，税法が他の法律で確立している概念をそのまま用いる場合を借用概念といいます。

次に，**みなし規定**についてですが，借用概念のようにそのまま借用するだけでは不都合な場合があります。そのような場合に備え，税法でその概念を修正して（みなして）用いる場合が「みなし規定」の場面です。たとえば「贈与」（民法549条）を例に挙げますと，**贈与契約**は，無償の財産移転を合意することで成立します。そこで，金銭を貸し付けて，一方的意思表示で返還を免除すれば，経済的効果は贈与と同じですが，これは民法では贈与契約ではなく**債務免除**（民法519条）で，貸付債権が消

減するわけです。しかし，経済的利益が移動しますので，税法では課税
問題が発生するはずです。そこで，課税するために，相続税法8条は債
務免除も贈与とみなす（みなし規定）と規定しました。

(2)　不在者の「財産管理」と「失踪宣告」

相続人が8年前から所在不明の状態の場合，遺産分割はどうなるで
しょうか。民法によりますと，不在者の財産の管理については，**財産管
理**（民法25条以下）の規定があり，7年間も生死不明であれば，**失踪宣
告**（民法30条以下）によって死亡したものとみなされます。遺体が発見
できない場合などの「**認定死亡**」手続き（戸籍法89条）は，失踪宣告と
異なり，死亡したとみなす制度でなく，後に生存が判明すれば相続人の
処分行為は無権限扱いとなります。また，失踪宣告の取り消しの場合は，
その宣告によって財産を得た者は，**現に利益が存する限度**で返還義務を
負います（民法32条2項）。

税法の対応としては，財産管理人が選任されていましたら，不在者の
所得税や相続税を申告すべきことになります。

(3)　通謀による虚偽の契約

相続税対策のため**預貯金名義を相続人名義**にしたらどうなるでしょう
か。民法によりますと，当事者間では無効（民法94条1項）とされますが，
事情を知らない**善意の第三者**との関係では無効の主張はできません（同
条2項）ここで**善意**とは善人という意味ではなく，**知らないということ**
です（なお，悪意というのは「知っている」という意味です）。ただし，婚姻
や縁組など身分上の行為は**絶対的無効**となります（民法742条・802条等）。

税法の対応としては，真実に対して課税するのが原則です。課税庁は
第三者であるため外形の信憑性を判断するのは困難なため，名義変更が

あっても対価の授受がなければ，**贈与**として扱うことになるでしょう。贈与と扱われたことに対し，単なる名義借りであることを主張したいのであれば証拠を準備する必要があります。

(4) 思い違いによる契約

課税されないと誤解して契約したら課税された場合に，その契約を無効にできるでしょうか。民法の立場では，法律行為の要素に錯誤があり重過失もない場合，錯誤は取り消すことができます（民法95条）。これまで錯誤は無効とされてきましたが，「取り消すことができる」と改正されました。契約をする動機に錯誤がある場合でも，動機が表示されていましたら，相手方も分かりますので取り消しができる可能性があります。そこで，「**動機の錯誤**」についても法改正によって明記（民法95条）されました。

税法の対応ですが，契約が取り消されますと経済的成果が喪失しますので，無効が確定したら，**更正の請求**が認められます。ただし，契約当事者が法人の場合は期間損益計算ゆえに別の扱いとなります。

(5) 消滅時効による利益と損失

消滅時効を主張（時効の援用）して支払を免れたら課税されるでしょうか。民法の立場では，権利を行使できることを知った時から５年間，権利を行使することができる時から10年間行使しないときに時効消滅すると規定します（民法166条１項）。弁済期の定めがあれば弁済期からカウントします。時効は**援用**（時効の完成を主張）することで債権消滅の効果を主張する必要があります。なお，時効類似の制度である「**除斥期間**」は，援用なしに権利が絶対的に消滅します。

税法の対応ですが，「**消滅時効によって利益が生じるか**」がポイント

となります。債権者側は，消滅時効が援用され債権回収が不可能となれば，債権額を損金計上（貸倒損失処理類似）することになります。逆に債務者が債務を免れた場合には，会社には益金が発生します。しかし，生活上の債務については所得が発生した（よって課税）とはしないのが実務の扱いのようです。身内の間で債務を消滅させれば，債務の内容によっては贈与税が問題とされる余地はあるでしょう。この問題は判例もなく実務の扱いも確定していないようです。

(6)　有効に成立した契約の解除

有効に成立した契約をその後の事情で解除したらどうなるでしょうか。民法では，**解除権**は契約を終了させる一方的意思表示（単独行為）とされています。これには，ふたつの類型があります。法律で与えられた**法定解除権**には，債務不履行として履行遅滞・履行不能（民法541条〜543条）があります。また，当事者が契約で定めた解除権（**約定解除権**）もあります。解除には最初に遡って契約が終了したものとする遡及効があります（通説）。以上と異なり，新たに合意して解除するのが**合意解除**（契約）です。

税法の対応ですが，解除を理由に納付した税額を還付請求できるかにつきましては，解除に遡及効を認める通説によれば**更正の請求**が可能と解されます。しかし，**法定申告期限後の合意解除**については，それが「やむを得ない理由」（国税通則法施行令6条1項2号）によるものでない限り，**更正の請求**の対象にはならないとされていますので，いつ解除するかが問題となります（最判平成2年5月11日税務訴訟資料176号769頁）。

(7)　法人への贈与

たとえば，相続争いを回避するため土地家屋を会社に贈与したらどう

23

なるでしょうか。民法の立場では，法人には**権利能力**がありますから，贈与契約の当事者になりえます（549条）贈与は名称に関わらず，寄附や政治献金でも贈与です。

　税法の対応ですが，受贈者にかかる**贈与税は個人間**のみの贈与で，法人が受贈者なら法人税の対象となります。**個人が法人に土地家屋を贈与**すると法人には受贈益について法人税が課税され，贈与した個人には所有期間中の「含み益」が実現したとみて，資産を時価で譲渡したとみなして「みなし譲渡所得税」が課されます。法人への贈与の場合，法人は時価で受け入れるのが原則ゆえに，その時点で課税しないと贈与者に生じた値上がり益に課税する機会がなくなるためです。税法の考え方には，実質上まったく無償の贈与はありえないとの前提があります。ただし，**現金の贈与**の場合は値上がり益がないのでみなし譲渡課税の余地がないという結論になります。

(8)　個人間の売買

　個人の間で時価より低額もしくは高額の取引をした場合どうなるでしょうか。民法の立場では，売買契約（555条）について契約自由の原則がありますので，取引価額も原則自由です。

　しかし，**税法では**，売買した金額と時価が異なる場合の課税関係は複雑となります。個人間の取引の場合では，通常の価額であれば売主側に所得税が課税されるだけですが，**個人から個人への著しい低額譲渡**の場合は，その売買価額と**税務上の適正な時価との差額**について，贈与があったものとみなされて（相続税法7条），買主側（受贈者）に対し贈与税が課税されます。時価の基準は，「相続税評価額」でなく，「実勢価額」が基本のようです。

　なお，**個人と法人の間の低額もしくは高額の売買**は複雑な問題を生じ

ます（☛本書第4章の1⑸「個人・法人間の低額・高額の売買」）。

⑼　課税庁の不当利得

たとえば，**登録免許税を過大納付した場合**，国の不当利得を理由に返還請求できるでしょうか。民法の立場では，法律上正当な理由なく，他人の財産等によって利益を受け，それによって他人に損失を及ぼした場合，受益者は利益の存在する限度で返還義務を負います（民法703条）これが**不当利得**です。悪意の受益者は利息等を付して返還しなければならず損害賠償責任も負います（民法704条）。

税法の対応ですが，経済的利益の適法・不適法は不問のため，私法上無効でも課税されます。課税処分に違法事由があっても，その事由が取消原因にとどまる限り課税処分が取り消されなければ返還請求はできないことになります。過大申告は更正の請求の対象です。登録免許税を過大納付した例のように，課税処分がないのに納税した場合は，納付時点で誤納金となり返還請求できます。

⑽　離婚と財産分与

離婚に伴い財産分与したら，課税関係はどうなるでしょうか。民法では，財産分与制度（768条）があり，それは実質上の共有財産の**清算と扶養**の両面を有します。そして，判例は内縁関係にあっても財産分与を肯定しています（最決平成12年3月10日民集54巻3号1040頁）。税法の対応が注目されます。目を引くのは，**財産分与者に譲渡所得税が**課税されるという判例の立場です。不動産を分与することで財産分与義務が消滅するというのがその理由で，財産分与自体に経済的利益を認め，財産分与者は，分与によって分与義務相当の対価を得たとみて譲渡所得が発生すると判示されたのです。これは理解されないため，税負担の錯誤トラブ

ルも発生し，課税関係の錯誤理由で契約無効の判決まで登場しました。
ただし，これは不動産のような含に益のある財産を分与した場合で，現
金を分与した場合は，譲渡所得の対象にならないことに留意すべきです。
判決の結果，分与される財産は贈与税の対象にならず，分与権利者には
課税問題が生じないということです（☞**本書第4章の1**(1)「**財産分与と租
税**」）。

⑾ 遺産分割協議と遺言

　遺言書と異なる遺産分割協議をしたらどうなるでしょうか。民法では，
相続の効果について，被相続人の一身に専属したものを除いて**包括承継**
すると規定されています（896条）。そして，遺産分割をするまでは**共有
関係**にあります（898条）。ただし，**金銭債権は当然分割**とされてきまし
たが，債権のうち「**預貯金**」だけは**判例変更で遺産分割の対象**になりま
した。銀行実務では，遺産分割協議書もしくは全員の同意書を要求しま
す。遺産分割協議により遺産を取得した相続人は相続開始にさかのぼっ
て遺産を取得したという効果があります（909条）。

　なお，**株式**は共有関係にあると理解されています（会社法106条参照）。
金銭債務（当然分割）も可分ゆえに法定相続分により各自責任があり，
これと異なる相続人の協議内容は外部の者には分からないため，第三者
に対抗（主張）できません。**遺言書と異なる遺産分割協議**も原則として
可能ですが，**遺言執行者**が置かれた場合は遺言執行者を無視しない慎重
さが求められます。

　税法の対応ですが，相続税申告前でしたら遺言書を無視した遺産分割
も自由です。ただし，遺言書にもとづく申告後に異なる内容で遺産分割
をすれば贈与税が課される心配もあります。更正の請求も遺留分侵害額
請求があったことを理由とする場合に制限されます（相続税法32条）。

(12)　遺産分割のやり直し

　たとえば，遺産分割協議の末，**親の介護を約束した息子が全遺産を相続**したところ約束を守らない。**遺産分割のやり直し**はできるでしょうか。民法の立場では，包括承継された遺産が遺産分割協議で分割されてしまいますと，その効果は相続開始の時にさかのぼります（民法909条）。判例では相続人の**全員による遺産分割の合意解除**を肯定し，遺産分割のやり直しができるとしています（最判平成２年９月27日民集44巻６号995頁）。しかし，相続人全員という要件はハードルが高く，債務不履行をした（約束を守らない）息子が拒否するのは目に見えているため，問題の**息子を除外した全員**と理解するのが妥当だという見解もあります。しかし，遺産分割協議をした者の一部の債務不履行を理由に遺産分割協議を解除できるかといえば，判例はこれを否定しています（最判平成元年２月９日民集43巻２号１頁）。この判例も全員の合意を要件としています。

　税法の対応ですが，税法は合意解除を無条件には認めないという立場で，「**やむを得ない事情**」がある場合に限られ厳格です。税務上の遺産分割のやり直しに関するルールでは，分割協議の合意解除は認められず，これは贈与，交換など資産の譲渡と認定されます。遺産分割の錯誤無効や詐欺取消は民法も認めており，税法上**更正の請求**もできますが，本事例は，新たな資産の譲渡とみなされる恐れがあります。

４　親族法・相続法の実務問題

(1)　遺言の活用

① **遺言書があれば遺産分割協議は不要**となり，これが遺言書の重要な機能です。速やかに相続を進めるには，「公正証書遺言」が安全とい

27

う意味でメリットがあります。ただし，公正証書遺言があっても，後に新しい遺言書が出てくる危険性はありますが，これはやむを得ません。

② **自筆証書遺言**は意思表示の部分は自筆が要件とされ，「**検認**」手続が必要です。なお，検認は遺言の有効性を保証するものではなく，裁判所による形式上の確認に過ぎません。

③ 検認手続は遺言者の最後の住所地を管轄する家庭裁判所に申立てをしますと，その後に全相続人等に裁判所から「開封期日」の通知があります。開封は全員揃っての立ち合いは要せず，「遺言書検認調書」が作成されます。なお，勝手に開封したら５万円以下の過料（民法1005条）となっていますが，遺言書が封入されていたか否かは裁判所では確認のしようがないでしょう。この検認は，「法務局における遺言書の保管等に関する法律」（2020年７月10日施行）に従って**保管の手続き**をしておけば不要となります。

(2) 遺言執行者の指定

① 遺言執行者に資格要件はなく，相続人でもなれます。遺言で指定しておくべきです。

② **遺言執行者の指定**がある場合は，相続人は勝手な遺産分割を原則としてできません。ただし，相続した財産を取引行為で移転させることで相続人の希望を実現することは可能です。

③ 遺言執行者の指定がない場合には，相続人全員の協議で自由に分配できますが，各自の希望を自由に取り入れますと，事業承継等の場合に後継者に株式や事業用財産を集中できない危険があります。

(3)　遺留分の問題

　遺留分（民法1042条）を侵害する遺言であっても，当然には無効とはならないことに留意すべきです。遺留分権利者が遺留分侵害額の請求（民法1046条）をするとは限らないからです。遺留分の計算は，贈与等の時点ではなく「相続開始時」の評価で行うため，贈与時の財産評価より相続時で評価が上昇すれば遺留分侵害の恐れがありますので，計算する上で注意が必要です。遺留分については，遺留分の事前放棄で解消しますが，それには推定相続人が家庭裁判所で手続する必要があり，これがネックとなります。そして，その手続は被相続人の生前に限られ，裁判所の許可が必要（民法1049条）です。なお，兄弟姉妹に遺留分はありません（民法1042条）。

　遺留分の額は，以下の計算式によって算出します。
　　遺留分の額＝（①相続時の積極財産＋②相続人に対する相続開始10年前の生前贈与〔特別受益〕の額＋③相続人以外の者〔孫など〕に対する相続開始１年前になされた贈与〔②③の例外として当事者双方が遺留分侵害を認識してなされた贈与は過去のすべてを含む〕－被相続人の債務）×法定相続分×遺留分割合（民法1043条・1044条）

　相続人に対する生前贈与の額は，民法1044条３項で10年前までの特別受益に限定して算入します。相続人については，１年以内の贈与であっても，特別受益に該当しなければ算入しないと解されています。特別受益者の相続分は，以下の通り算出します。共同相続人中に，被相続人から，「遺贈を受け，又は婚姻若しくは養子縁組のため若しくは生計の資本として贈与を受けた者」（特別受益者）がある時，被相続人が相続開始

の時に有した財産の価額にその贈与の価額を加えたものを相続財産とみなし，それによって算定した相続分の額から，「その遺贈または贈与の価額」を控除した残額が贈与を受けた者の相続分となります（民法903条1項）。つまり援助を受けた特別受益者は相続分から援助分が控除されるということです。ただし，上記の**婚姻，養子縁組，生計資本**の意味は，相続人の間で公平性を欠くか否かで実質的に判断されるため，通常の費用（大学や大学院の学費など）がすべて当然に特別受益となるわけではなく，個別の具体的事情を勘案して判断されます。

　なお，**遺留分侵害額請求権の行使期間**は，相続開始等を知った時から1年間で時効によって消滅し，相続開始の時から10年間経過したときも消滅します（民法1048条）。

(4)　生命保険金は相続財産か

　亡き被相続人が，生前に生命保険に加入していた場合，保険契約者と被保険者が被相続人で，受取人が相続人のうち特定の人に指定されている生命保険契約については，受取人が取得する**生命保険金は，法律上は相続財産ではない**とされています。この場合の保険金は，被保険者（被相続人）の死亡時に，受取人が保険契約に基づいて，自己の固有の権利として取得するものであって，**被相続人の財産を相続により取得するものではない**とされているのです。そして，生命保険金は相続財産ではないので，相続人間で行う遺産分割の対象にはなりません。したがって，受取人に指定された相続人は，他の相続人の署名捺印なしに生命保険金を受け取ることができます。なお，仮に受取人である相続人が相続放棄をしたとしても，放棄した相続人は生命保険金を受け取ることができます。ただし，**特別受益**については，例外として**生命保険金**が問題になることがあります。

　これについて，**最決平成16年10月29日民集58巻7号1979頁**は次のよう
に結論づけています。すなわち，保険金受取人である相続人とその他の
共同相続人との間に生ずる不公平が特別受益者の相続分（民法903条）の
趣旨に照らし到底是認することができないほどに**著しいものであると評
価すべき特段の事情が存する場合**には，同条の類推適用により，当該死
亡保険金請求権は特別受益に準じて持ち戻しの対象となると解する。そ
して，**特段の事情**の有無については，保険金の額，この額の遺産の総額
に対する比率のほか，同居の有無，被相続人の介護等に対する貢献の度
合いなどの保険金受取人である相続人及び他の共同相続人と被相続人と
の関係，各相続人の生活実態等の諸般の事情を総合考慮して判断すべき
である旨，判示しました。これを参考に，**生命保険金が遺産に占める割
合が大きく，生命保険金がかなり高額な場合には，特別受益に準じて持
ち戻しの対象と判断される場合がある**と推測されます。

⑤　相続法改正による遺留分制度の見直し

(1)　遺留分制度の改正

　改正前の遺留分**減殺請求権**は遺留分**侵害請求権**に変更されました。遺
留分侵害額の計算方法は改正前民法の解釈と基本的に変更はありません
が，改正後の民法では，遺留分侵害額の計算式は改正前民法には規定が
なく，改正後の民法1046条に明記されました。「遺留分を算定するため
の財産の価額」に算入すべき「相続人に対する生前贈与」に係る限定規
定である1044条3項も新設されました。以下，断りのない限り条文は改
正後の民法を指します。

　これまで遺留分が受遺者・受贈者に対して**物権的効力**（物に対する直
接的支配）が生じるとされたため，遺産である不動産や株式等について，

所有権が影響を受ける結果，共有関係が生じましたが，改正により遺留分に関する権利の行使によって，遺留分侵害額に相当する**金銭債権**（支払請求権）が生じることに変化し（1046条1項），**債権的効力**（物の権利関係に影響しない）とされました。これにより金銭債権に一本化された結果，不動産などの共有関係は生じませんが，すべて金銭の支払いで解決することになるため，現金を用意する必要があります。これに対応できなければ，不動産などの単独相続ができないことになります。

(2) 遺留分事前放棄の限界

これまでも非後継者が遺留分の事前放棄によって未然に遺留分をめぐる紛争を防止することができましたが（改正前民法1043条，改正後の民法1049条），遺留分の事前放棄には2つの点で限界があります。①非後継者に手続上の負担がかかります。遺留分を放棄しようとする非後継者が，自ら家庭裁判所に申し立て許可を受ける必要があり，自身に何ら利益がないにもかかわらず相当な負担となります。②後継者の貢献が価額変動に影響を及ぼす財産について，一定時点における価額に固定し，その後の価値上昇分について遺留分を主張しないということに非後継者の同意が得られる場合であっても，遺留分の事前放棄では，推定相続人全員の同意があったとしても，あらかじめ特定の財産について遺留分算定基礎財産に算入すべき価額を固定することができないという点で限界があります。**遺留分の事前放棄**では，全遺産について遺留分を放棄するか，遺留分の一部放棄でも特定財産の全部を放棄するほかありません。

(3) 円滑化法による民法特例

中小企業の事業承継を総合的に支援する「中小企業における経営の承継の円滑化に関する法律」（以下，「円滑化法」という）においては，遺留

分に関する民法の特例，事業承継資金等を確保するための金融支援や事業承継に伴う税負担の軽減（事業承継税制）の前提となる認定が盛り込まれています。

円滑化法による**民法特例の適用**には，①遺留分権利者全員の合意，②経済産業大臣の確認，③家庭裁判所の許可という3つの要件を満たす必要がありまます（円滑化法3条以下）。そして，**遺留分に関する特例**としては，①生前贈与株式を遺留分算定の対象から除外する特例（除外合意）および②遺留分算定において生前贈与株式の評価額をあらかじめ固定する特例（固定合意）があります。前者①によりますと，後継者が旧代表者からの贈与等により取得した株式等は，民法上は特別受益とされるところ，当該株式等を除外合意の対象とすれば遺留分算定基礎財産に算入されず，**遺留分侵害額請求**の対象ともなりません。後者②は，後継者が取得した株式等を遺留分算定基礎財産に算入する価額は相続開始時を基準とする評価額となるところ，当該株式等を固定合意の対象とすれば，後継者の努力で価値上昇があっても，贈与時の価値をもって算入価額とするという特例です。

なお，**除外合意と固定合意**は組み合わせることが認められ，取得株式の一定割合を除外合意の対象とし，残りを固定合意の対象とすることもできます。いずれにせよ，円滑化法による民法特例は適用要件が厳しく，この活用には限界もあります。

⑥　実践商取引法

(1)　商社から買い付けを受任した者は委任されていないこともできるか

商行為の受任者は「**委任の本旨に反しない範囲内**」で委任を受けてい

ない行為が可能とされています（商法505条）。民法の委任規定によりますと，受任者は委任の本旨に従い，善良な管理者の注意をもって委任事務を処理しなければならないと定められていますので，（民法644条），民法の世界では受任者は委任を受けていない行為はできないことになります。これに対して，**商行為の委任**の場合は，委任の本旨に反しない範囲内で委任されていないこともできるわけです。商法の世界では，事情の変更に臨機応変に対応できるよう配慮されたということができます。

　そこで，**どこまで商法では受任者の権限が拡張されるか**ですが，たとえば，売買代金の取り立てを委任された者は売買契約の解除までは認められず，買い入れの委任を受けた者は転売ができないとされています。要するに委任者の利益に繋がるかどうかが一応の目安となりそうです。

(2) 契約の相手が代理人であることを知らず契約したらどうなるか

　代理人が本人のためにすることを示さない場合について，民法100条によりますと，相手方が契約の場所に現れた代理人を本人であると信じて契約した場合，**契約は本人とではなく代理人との間で成立**します。したがって，代理人が契約の当事者として責任を負うことになります。代理行為は代理人が本人のためにすることを示したときに成立しますが（**民法99条―顕名主義**），この事例では代理関係を示していないため，代理人が本人として契約したものと扱われます。

　これに対して，**商行為の代理**については，商法504条で代理人であることを明示しなくても本人と法律効果が生じる（**非顕名主義**）とされています。これは**迅速に処理する趣旨**かと思われますが，この商法規定には異論があり廃止が望ましいとされています。**相手方が代理関係にあることを知らない場合**があるからです。そこで，商法504条ただし書で，

その場合は代理人に契約の履行を請求することができると規定していますが，これは合理的なのかどうか分かりにくい規定です。

(3)　頼みもしないのに勝手に商品が届いたら，どうすればいいか

商人Ａがその営業に関係してＢから契約の申し込みを受け商品が届けば，ＡはＢの申し込みを拒絶しても，原則として**保管義務**が発生します（商法510条）。届いた商品を雨ざらしにでもすれば損害賠償ものです。もちろん，**保管費用**は申し込んだＢ側が負担します。これは**商人の特別な義務**で，取引界の信用を重んじるのが立法の趣旨だとされています。なお，この義務は一般人（非商人）に関する義務ではありませんので，勝手に商品が送りつけられても商人でなければ保管する義務は生じません。ただし，**事務管理**として商品の保管や返送をすることはできます（民法697条）。

(4)　納品に行ったところ相手業者が商品を受け取らない。どうすればいいか

商人間の売買（商事売買）については，買主が目的物の受領を拒んだり受領できない場合，売主による目的物の供託や競売の手段があります（商法524条１項）。商法は常に**供託**するか**競売**するかの自由を認めており，競売についても裁判所の許可を要しません。これは**商人間の法律関係を迅速に確定**するためで，売主の利益を保護する商人間の特則です。これに対し，買主が一般人の場合は，民法494条以下の規定によって，供託するか供託に適しない目的物の場合は裁判所の許可を得て競売し，その代金を供託することができるだけです（民法497条）。

⑸ 納入業者が期限までに納品しない。小売店はどうすればいいか

　小売店は期限後に納品されても，受け取る義務も支払い義務もありません（商法525条）。たとえば，夏祭りの団扇，開店広告の看板，結婚式の花束など納期に遅れては契約の目的が達成できない売買を**定期売買**といいます。このような取引については，商法では，当事者の一方（納入業者）が履行（納品）しないまま時期を経過したときは，相手方（小売店）は（直ちに納品の請求をした場合を除いて），契約の解除をしたものとみなされます。契約**解除の意思表示**を待たずに解除したものとされることに留意すべきです。この点につき民法では，時期を経過したときでも当然に解除の効果が発生するのではなく，**解除の意思表示**が要求されます（民法542条）。

⑹ 小売店に納品したが３ヶ月も経って傷があるとクレーム。どうなるか

　商法には，商人から商品を受領したら，買主である商人は遅滞なくその検査をして通知しない限り文句をいえないとされています（商法526条１項・２項前段）。これが買主による**目的物の検査・通知義務**です。ただし，すぐに見つからない傷などがある場合は，６ヶ月以内に通知を要します（同条２項後段）。

　もちろん，納入した業者が傷のあることを知って売った場合は，以上とは別の話となります（同条３項）。問題は，すぐに発見できるものかどうかを区別する基準です。商品が大量の書籍などの場合は，すべての商品の点検は困難です。

　なお，一般原則の民法562条以下では，**事実を知ったときから１年以**

内に契約解除，減額請求または損害賠償請求をすることができると定められています。したがって，傷や数量不足などを知らずに時が経過したのであれば，受領後に長期間が過ぎていても請求できるということになります。そのため，個人に売った売主は不安定な立場に立たされるという問題もあります。

(7)　営業を拡大したいが資金が足りない。借金の他に何か方法はないか

事業が順調で営業エリアを拡大したいとか，全国で営業の多角化に乗り出したい場合には，まず新たに**営業所を設置**することを思いつきます。しかし，これには専門知識と多額な資金が必要となり，それに見合う売り上げが上がるという保証もなくリスクが伴います。そこで，専門知識を有する外部者の利用が検討されるべきでしょう。営業を拡大したい商人から委託を受けた外部者が，**企業外補助者**として，新たな取引先を探し出してきて，その商人との取引が成立するごとに商人が補助者に報酬を支払うという契約をすれば，補助者の経験や知識を活用できる上に固定費も節約できます。このような補助者を**仲立人**といいます（商法543条）。

(8)　ホテルに高価品を知らせずに預けて滅失したが，賠償されないのか

ホテルに貨幣，有価証券その他の**高価品**を寄託する際に，客が預けた物品の種類及び価額を通知していなかった場合は，その滅失又は損傷によって損害が生じてもホテルは賠償責任を負わないと規定されています（商法597条）。**運送人の責任**についても，同じく責任を負わないのが原則とされています（商法577条1項）。そして，**高価品としての責任**だけでなく**普通品としての責任**も負いません。ただし，運送人の場合は，高

価品について，例外的に責任を負う場合があるという規定も置かれています（同条2項）。高価品については「貨幣，有価証券その他」としか規定されていませんので，**高価品か普通品かの区別**が問題となります。このような高価品の特則を定めたのは，損害額が多額になる高価品に対処する機会を与えるため，預ける側に通知義務を課したものと説明されていますが，このような特則は一般に知られていないため，不測の損害が預ける側に生じる危険もあります。そこで，客がホテルの貴重品袋等を利用して寄託したような場合は，通知義務を果たしたという扱いをすべきでしょう。現に運送人の場合については，運送品が高価品であることを運送人が知っていた場合は責任を負うとされています。

(9) 倉庫に物を預けるまでは寄託契約が成立しないと理解してよいか

物を預かる営業としては，**倉庫営業**があります。倉庫営業は，大量の商品が生産されてから消費されるまでの間，商品を保管することで他人間の商取引を補助する役割を果たします。商人は時機をみて倉庫から商品を市場に出すことで，タイミングのよい需給調整をすることができます。近年の倉庫営業は単なる物の保管に留まらず多機能化していますが，商法の定義では，倉庫営業者とは他人のために物品を倉庫に保管することを業とする者とされます（商法599条）。

そこで，この**倉庫寄託契約の成立要件**が問題となりますが，寄託ですから民法の寄託契約の一種ですが，それを定める改正前の民法657条は寄託契約を**要物契約**（物の引き渡しが契約の成立条件）としていました。しかし，2017（平成29）年改正で，承諾だけで契約が成立する**諾成契約**と変更されたのです。その結果，寄託物の引き渡し前に寄託契約が成立し，保管料請求権が生じることとなりました。これは妥当な結論です。

倉庫営業者は寄託物が倉庫に入る前から保管準備をしますので，合意だけで預ける側も拘束するのでなければ，他の契約者とのチャンスを失うことになり損失が発生します。

⑽　国際取引に関するウイーン売買条約（CISG）とは何なのか

ウイーン売買条約は，国境を越えて行われる物品の売買に関して契約や当事者の権利義務の基本的な原則を定めた国際条約で，国際連合国際商取引法委員会（UNCITRAL）が起草し，1988年1月の条約発効以来，締約国が増えており，2019年9月現在，米国，カナダ，中国，韓国，ドイツ，イタリア，フランス，オーストラリア，ロシア等，92カ国が締約しています。日本では2009年8月1日に発効しています。

当事者の営業所が異なる国にある場合，契約は**国際的取引**とみなされ，原則として本条約が適用されます。売買契約の**クレーム提起期間**は，一般的な国際売買契約で適用される期間よりも長く「**物品の引き渡しから2年間**」であり，買主にとって有利です。一方，契約品の不適合に関する買主の通知義務について，日本の商法526条1項・2項では「受領後ただちに」となっているのと同様に，本条約でも「発見した時または発見すべきであった時から**合理的な期間内**」と定めていますので，買主は不適合について，売主への早期通知義務があるので注意が必要です。

国際取引では極めて技術的な側面が強いため，統一的な取引条件によって合意が形成されることが期待されます。そのために**ウイーン売買条約**があります。日本企業が行う国際取引の圧倒的多数が，この条約加盟国との間でなされているようです。ただし，ウイーン売買条約は，**売買取引に限定**されています。そして，**任意性**が高く，**当事者の合意**が重要となりますので，**契約書の重要性**はもとより，内容を明確にするため**貿易用語の統一的理解**が重要となり，取引条件を明確にするため用語の

統一が試みられています。これは**インコタームズ**（International Commercial Terms）と略称されます。中小会社の海外進出も盛んになっていますので，国際条約のみならず取引先の法整備状況も確認する必要があります。

第2章

事業承継と民商法

1 事業承継とは

(1) 承継の対象

承継の対象となるのは，①事業用の資産，②役員，従業員など，③顧客，取引先，④商品，ノウハウです。会社の経営理念・事業の存在意義を具現したものが，その事業が扱う商品であり事業用資産であり従業員であり，その商品やサービスを利用する顧客であって，これらをトータルで承継するのが事業承継です。いわば「**経営理念**」の承継ともいえます。

事業承継には，承継する意思と能力のある後継者が必要であり，現時点で適任者がいない場合は，後継者の養成が必要になります。また，相続税や株式取得のために資金が必要となるため，事前の十分な対策が必要となります。そこで，後継者の養成，資金の準備，関係者への周知などを考慮すれば，5年ないし10年くらいの猶予が必要で，早めのスタートがよいといえます。

(2) 承継の方法と留意点

　事業承継の方法として主として３つの手法がありますが，中小企業の事業承継者に変化が見られ，かつては親族内承継が主流でしたが，事業引継ぎ支援プロジェクトマネージャーからの情報によれば，近年では親族外が多数となっているということです。最近の分析によると，中小企業におけるM&Aの手法としては，実務上の手続きの簡便さも重視すれば，株式譲渡，事業譲渡，そして会社分割が中心とされます。**親族内承継のメリット**としては，内外の関係者らの受入れやすさ，準備のしやすさがあり，デメリットとして，親族の中に経営の能力や意欲がない場合があり，複数の相続人間の相続分バランスをとるのが難しい場合のあることも挙げられます。これに対し，**親族外承継のメリット**は，候補者を広く探しやすいことですが，デメリットとして，親族関係者らの納得が得にくいこと，株式の取得のための資金の確保が難しいこと等が挙げられます。**M&Aのメリット**としては，候補者を広く対外に求めることができること，高く売って売却益を確保できることが指摘できますが，デメリットは売却の条件の一致が困難な場合があること，経営の一体性を確保するのが難しいことが挙げられます。

　承継での留意点としては，「**経営権**」を確実に承継させることが最優先であり，それには，議決権の３分の２以上を押さえておく必要があります。後継者以外の相続人の「**遺留分**」，税金対策（贈与税，相続税），業界規制などにも注意を払っておく必要があります。そして，以下の５つのことを意識しておく必要があるでしょう。

　①事業の魅力を高めること，つまり，後継者に事業を承継しようという意欲を持ってもらうためには，事業の魅力を高めておくことが必要となります。②**株式の評価**で留意すべき点は，親族内承継では，株式の買

取費用や相続税のことを考えて，株式の評価を下げておくことが望まれますが，M&Aの場合には，株式の評価を上げるよう早期に方針を立てておく必要があります。③**承継のタイミング**として，いつ後継者にバトンタッチするのか，承継する時期の何年前に後継者を公表するのか，後継者を教育するのにどれくらいの時間がかかるのかなどを意識して，スケジュールを考えておく必要があります。④**負債の処理**について，事業承継する際には，金融機関から後継者に保証を求められるので，できるだけ負債を減らしておく必要があります。会社の現状をよく把握した上で，何を，いつ，どのように，実施していくかスケジュール化していきます。事業承継計画は，事業承継の視点から現状の課題を抽出し解決するために作成します。主に承継時期，経営理念，ビジョン，目標数値，後継者育成と関係者の理解，地位と財産の承継等について検討しておくとよいでしょう。⑤事業承継には，後継者の教育と関係者の理解が不可欠です。単に子どもだからという理由では，従業員や取引先の理解を得難く，顧客離れを生じる可能性があります。会社の経営者として，経営能力だけではなく，組織のトップとしてのリーダーシップ力，先見性，財務に関する知識などのスキルを高めるとともに，「**経営理念**」を承継しておく必要があります。なお，後継者以外の親族の理解を得た上で，役員・従業員，社外への発表のタイミングを計りながら，準備を進めていく必要があり，このタイミングを誤ると時期尚早と評価され，事業承継が頓挫してしまう可能性もあるでしょう。

❷　株式相続と円滑な事業承継─相続法と会社法

(1)　株式承継の方法と留意点

株式を後継者に承継させる方法としては，**生前贈与と遺贈**があります。

「生前贈与」は，特別受益として，遺留分算定の基礎財産として算定される可能性があります。また，贈与税についても検討しておく必要があり，遺言による「遺贈」の場合にも，遺留分に注意する必要があります。民法特例を活用しますと，後継者を含めた現経営者の推定相続人全員の合意の上で，現経営者から後継者に贈与等された自社株式について，①遺留分算定基礎財産から除外（除外合意）又は，②遺留分算定基礎財産に算入する価額を合意時の時価に固定（固定合意）をすることができます。しかしながら，推定相続人全員の合意を得ることは現実的に困難であるため，円滑化法による民法特例が活用できる場面は限定といえるでしょう。

　そこで，民法上，遺留分を有する相続人が，被相続人の生前に自分の遺留分を放棄することによって，相続紛争や自社株式の分散を防止することもできそうですが，遺留分の放棄には，各相続人が自分で家庭裁判所に申立てをして許可を受けなければならず負担が大きいこと，また，家庭裁判所による許可・不許可の判断がバラバラになる可能性があることなどから，株式の分散防止対策としては利用しにくいでしょう。

(2)　非公開会社の株式評価

　上場会社は株式市場での株価という客観的指標がありますが，株式を公開していない閉鎖会社の株式（非上場株式）については，会社の規模，業容，資産，収益力その他企業評価の基準となる諸要素が千差万別で，その評価方法が確立していないのが現状です。株価算定方法には，①収益還元方式および配当還元方式，②類似業種比準方式，③純資産価額方式などがありますが，それぞれの株価算定方式は企業の一面だけ捉えて株式の時価とするものにすぎず，非上場会社の多様性を直視すると，ある特定の算定方式をもって全ての会社の客観的かつ合理的な株価を算定

するには無理があります。そこで，これらの方式のいずれによるべきか
は，各会社の収益・配当・資産の状態，発行株式数，持株割合その他を
勘案して決めざるをえず，評価を確定することが困難な状況です。した
がって，相続した株式の株価評価が争いのもととなり実務上も深刻な問
題となります。これは非上場株式に限ったことではなく，それに類似す
る**医療法人や中小企業協同組合などの持分評価**をめぐっても，脱退者に
対する持分払戻額の計算に際して同様に問題となります。その状況につ
いては，これに関する意見書・鑑定書の実例も参考となるでしょう。

(3)　株式分散の防止—相続人に対する株式売渡請求

　株式の分散防止策としては，会社法上，相続により「譲渡制限株式」
を取得した者に対し，当該株式を会社に売り渡すことを請求することが
できる旨を定款に定めることで（会社法174条），株式の取得者に対して
株式の売渡を請求することができます（会社法176条1項）。これによって，
会社支配権を集中させることができますが，この制度を活用するには，
株主総会の特別決議をもって定款変更（会社法174条・466条・309条2項11
号）を行う必要があります。この場合，定款には，「当会社は，相続そ
の他の一般承継により当会社の株式を取得した者に対し，当該株式を当
会社に売り渡すことを請求することができる」などと記載することとな
るでしょう。なお，法定相続人が複数いる場合，遺産分割がなされるま
では相続株式は相続人の準共有状態にありますから，売渡請求の対象は
理論上すべての相続人とすべきことになるはずです。

　したがって，この制度の導入に当たっては会社役員や株主構成を考慮
する必要があります。なお，会社法175条の総会決議で，新株主が会社
にとって好ましい者であるかどうかは既存株主が審査するため，売渡請
求の相手方である株主の議決権排除が正当化されると説明されますが，

この論拠では，相続による株式取得者が複数いる場合に，売渡請求の対象となっていない相続人は議決権を行使できるという点を説明するのが困難です。そこで，「売渡請求をするための株主総会で**株式相続人（後継者）は議決権を行使できない**」とする会社法175条2項には問題があり，立法論としては修正すべきとの学説が増えてきました。このように，**売渡請求制度には実務上の難点**もあり，事前に譲渡制限を外すなど対策を考慮する必要があります。なお，この制度による自己株式取得についても会社法上財源規制があり（会社法461条1項5号），それによる制約や負担も無視できないでしょう。

　以下，次のような具体例をもとに，(4)〜(8)で詳しく解説します。

【具体例】

　大株主の父親が亡くなり，長男が親の遺志で事業を引き継ごうとしたところ，株式の相続をめぐって相続人間で争いとなったうえ，長男と対立する少数派株主が，「相続株式の売渡請求」（会社法174条以下）を求めて総会を開催する動きに出た。どうすれば亡き親の遺志は実現できるか。相続した株式の議決権行使はどうすればよいか。

(4)　相続による支配権剥奪

　定款に「相続人等に対する売渡請求」に関する規定を設けておきますと，経営者が亡くなったときに，少数派株主が株主総会を招集して，死亡した経営者の相続人が承継した株式について，会社が売渡請求をして半強制的に買取ってしまうことが可能となります。そのわけは，相続人に対する売渡請求の場面では，当該**相続人は株主総会で議決権を行使することができない**と定められているためです（会社法175条2項）。議決権がない理由は，相続人は**利害関係人**だからということですが，それだけの理由で議決権を排除する合理性があるかどうかは疑問があります。

その後，少数派株主が，新しい役員を選任したり，会社を第三者に売却
したりすることも考えられますから，大株主の相続人にとって，このよう
な定款規定は困りものです。これの防止策として，以下の対策が考え
られます。

(5)　大株主の相続人の支配権維持策

①　生前贈与

経営者が，生前に保有する株式をすべて相続する後継者に贈与してお
く方法で，これによって相続人に対する売渡請求を回避することができ
ます。

②　持株会社の設立

経営者の生前に，保有する株式を現物出資して持株会社を設立して，
経営者が持株会社の株式を保有します。これによって，相続人に対する
売渡請求を回避することができます。

③　経営者の株式の譲渡制限を外す方法

相続人に対する売渡請求は譲渡制限株式に対してのみ行うことができ
ますので，会社を種類株式発行会社にして，経営者の株式の譲渡制限を
外しておくことによって，相続人に対する売渡請求を回避することがで
きます（会社法174条）。

④　取得条項付株式

これは経営者以外の少数派株主の普通株式について，経営者の相続開
始時に少数派株主の株式を会社が取得することができるという取得条項
付株式に転換しておく方法です。ただし，普通株式を取得条項付種類株

式とする場合には，当該種類株主全員の同意が必要となります（会社法111条1項）。

⑤ 完全無議決権株式

経営者の生前に上記ができなければ，すべての普通株式につき全部取得条項付種類株式を経由して完全無議決権株式に転換し，同時に経営者には別途普通株式を発行しておく方法があります。

⑥ 黄 金 株

経営者の生前に，後継者に「譲渡制限付拒否権付種類株式」（黄金株）を発行しておく方法です。後継者が黄金株を保有していれば，相続人に対する売渡請求に関する株主総会とは別に種類株主総会の決議が必要となるため，この種類株主総会の決議によって売渡請求決議を拒否することができます。なお，出資をせずに名義上株主となっている「名義株」がある場合は，創業時の事情をよく知っている経営者が存命のうちに，交渉して名義変更しておくべきでしょう。経営者の存命中に名義を変更しておかないと，名義株主に相続が発生するなどして，権利関係が複雑になることがあります。

(6) 相続法と会社法の交錯

準共有状態の株式の権利行使に関して，会社法106条は，「株式が二以上の者の共有に属するときは，共有者は，当該株式についての権利を行使する者一人を定め，株式会社に対し，その者の氏名又は名称を通知しなければ，当該株式についての権利を行使することができない。ただし，株式会社が当該権利を行使することに同意した場合は，この限りでない。」と定めています。

　この規定は，会社法が制定される前の旧商法203条2項「株式ガ数人ノ共有ニ属スルトキハ共有者ハ株主ノ権利ヲ行使スベキ者一人ヲ定ムルコトヲ要ス」を基本的に引き継いでいますが，会社法では，**権利行使者の指定**だけでなく「**通知**」も必要とされ，さらに「**会社の同意による例外規定**」として但書が追加されています。しかし，追加された**106条但書の意味**するところが不明なのです。それだけではありません。そもそも株式を相続した場合，相続人の「準共有」状態となるのか，それとも「当然分割」されて単独所有となるのかについても見解が分かれていました。単独所有となるのであれば，各相続人が議決権行使すればよいので，106条の問題は生じませんが，判例および学説の圧倒的多数は，共有状態と解しています。これが妥当ですので，本書でも共有を前提とします。

(7)　株式相続の効果―共有か当然分割か

①　金銭（現金）―共有
　判例では相続した金銭は共有とされ遺産分割の対象（最判平成4年4月10日判時1421号77頁）とされています。金銭（現金）は，「金銭債権」と異なり債務者である第三者は登場しないため，共同相続人間の利害調整の問題として考えればよく，遺産分割の結果生じた不均衡の調整弁として金銭を活用できるからです。たとえば，土地の相続人と不公正が生じた場合に，金銭で穴埋めするなどです。

②　金銭債権―当然分割
　判例によれば，複数の相続人がいる場合，相続財産に「金銭（債権）その他の可分債権」があるときは，その債権は法律上当然分割され，各共同相続人はその相続分に応じて権利を承継するものとされています

（最判昭和29年4月8日民集8巻4号819頁）。したがって，可分債権である金銭債権は遺産分割の対象とはならないと解されているのです。最近の判例も**預金**について当然分割の立場（最判平成16年4月20日判時1859号61頁）でしたが，この最判16年は大法廷決定で判例変更されました。

③ 株式（持分会社については608条1項・5項）

最高裁は一貫して，株式は遺産分割までは相続人に分割帰属せず，共同相続人間で**準共有**（民法264条）の関係が生じるとしています（最判昭和45年1月22日民集24巻1号1頁ほか）。最判平成26年2月25日（公刊物未登載）は，その理由として株式の「地位」の特性を挙げます。学説も判例と同じく準共有説が通説ですが，当然分割とする少数説もあります。その理由として，①準共有と解すると会社法106条で権利行使者を定める必要が生じ，少数持分権者の相続人の利益が保護されず，②各相続人は持分に応じて会社経営リスクを負担するのであるから，それに見合うだけの会社経営に対する支配権（議決権）が認められるべきであるというものです。現在，このような立場は極めて少数ですので，実務では今後も準共有（共有と同じ）として扱えばよいでしょう。

(8) 権利行使者の権限とその指定方法

相続株式が準共有状態ですと，その権利行使はどのようにすべきでしょうか。

会社法106条によれば，権利行使者を指定して会社に通知しないと，「会社の同意」がない限り誰も権利を行使できないとされます。これは，会社の「事務処理の便宜」のためであるとされてきました（最判平成11年12月14日判時1699号156頁）。そこで，**権利行使者の指定**は全員一致か過半数かが問題となります。判例によりますと，共有持分の**過半数**による

「多数決」で決めることができます（最判平成 9 年 1 月28日判時1599号139頁）。その理由として，共有者の全員一致が求められれば，そのうち一人でも反対すれば全共有者の株主権行使が不可能となり，会社運営に支障をきたす恐れがあるからだとします。

　これに対し，全員一致を要求する見解も根強くあり，その理由は，権利行使者の指定は企業の承継者まで決定づける可能性もあり，きわめて重大であるからとします。

③　親族外の役員や従業員による承継

　親族外の役員や従業員に承継させる方法としては，役員や従業員に株式を譲渡する方法があり，前者はMBO，後者はEBOと称されます。①まず，**株価の算定**を行い，②次に，**資金調達方法**を考え，③最後に**株式譲渡に関する契約内容**などを考えます。役員や従業員に**株式買取りの資金**が十分にない場合は，①事前に役員や従業員の報酬・給与額を上げておくことが考えられます。これだけでは不足すると思われる場合には，②公的な融資制度の利用や，金融機関からの資金調達も検討しましょう。③事業の収益性や将来の成長性が見込まれれば，投資ファンドからの出資を得られる場合もあります。

　社内に後継者がいない場合は，M&Aによって，株式を第三者に譲渡することが考えられます。**M&Aによる事業承継**をする場合としては，①株式譲渡，②事業譲渡，③合併などがあります。①**株式譲渡**による場合は，社名も変わらず，許認可にも影響しません。そして，他の方法と比べて手続きが簡単であり，迅速に行うことができるため，中小企業ではこの方法を利用することが一般的に多いようです。②**事業譲渡**の場合は，会社の個別資産を譲渡の対象とするため，債務を自動的に引き継ぐ

ということはないでしょうが，許認可を要する事業においては許認可を引き継ぐことができません。さらに，従業員を引き継ぐには，従業員の同意が必要とされているなど手続きが煩雑になります。③合併は包括承継であることから，会社の有形・無形の資産および負債まで引き継いでしまい，売り手の潜在債務，簿外債務などを引き継いでしまうリスクがあります。

　なお，**M&Aによって役員はどうなるか**について，「株式譲渡」の場合，当然には退任にはなりませんが，議決権の過半数を取得した承継会社はいつでも役員を株主総会の普通決議で解任することができます。「合併や事業譲渡」によった場合は，承継会社の役員として選任されなければ，承継会社の役員になることはできません。従業員について，**株式譲渡や合併**の場合には，当然に雇用関係が維持されますが，**事業譲渡**の場合は，当然には雇用関係は承継されないため，新たに承継会社と雇用契約を締結する必要があり，そのためには従業員の同意が前提となります。したがって，契約書に雇用条件についての条項を設け，雇用を維持し雇用条件も変更しない旨を記載しておくとトラブルが防止できます。

④　相続法改正と事業承継

　円滑な事業承継を実現する上で，相続法には様々な支障がみられます。争いを避けるために，創業者が**遺言**の制度を活用すればよいのですが，相続争いは起こらないと信じ込んでいる例が目立つようです。しかも，たとえ遺言によったとしても，**遺留分侵害**の問題は避けられないでしょう。この遺留分侵害額請求への対策として前掲の「中小企業における経営の承継の円滑化に関する法律」（円滑化法）による「**民法特例**」もありますが，その特例の適用条件が厳しいため（同法4条），特例の活用には

限界もあります。直近の民法〔相続関係〕改正（平成30年7月13日法律第72号）で「**遺留分制度の見直し**」も具体化しましたが，根本的な解決には問題が残されています。遺言制度を活用しても，それに内在する限界として，**子から二代目の孫へ相続**させるように指定することまではできないという難点もあります。これを克服する制度として「**信託制度**」もありますが，未だ十分に周知・普及には至っていないのが現状です。しかも，信託を活用するとしても，最大の問題はどうすれば適任者を得ることができるかです。必ずしも身内だから安心とは言い切れない，という現実もあります。そこで，外部者に求めるとしても費用の問題もあります（☛**本書第4章の2「民事信託を活用した事業承継」**）。

　経営権の奪い合いは，個人企業や中小会社に特有の事象ではなく，とくに同族的な会社であれば，報道で周知のごとく大企業でも華々しく起こりうることです。いずれも，経営権引き渡しのタイミングに問題があり，創業家が会社を私物化しているようにも見受けられる点で共通します。会社は公の存在であり，創業者個人の所有物ではないはずですが，苦労して会社を育ててきた創業者の心情としては理解できないでもないでしょう。

第3章

中小企業と会社法

1 株式会社の特色—中小会社の運営システム

(1) 株式会社の特色

　株式会社が他の会社と比べて特徴的なのは，①**株式**と②株主の**間接・有限責任**の２つを併せ持つこととされてきました。これが株式会社の中心的な要素といえます。**株式と間接・有限責任**の２つが結びつくと，不特定多数の人から広く資金を集めることも可能になります。出資者からすると，最悪の場合でも出資した額がゼロになることだけ覚悟しておけば，追加の支払を強いられることはありません（**有限責任**）。会社に出資した後は会社の債権者から直接責任を問われることはありません（**間接責任**）。そして，株主の地位が株式という形で細分化され，これが出資単位にもなっているため，大金がなくとも出資することが可能になるわけです。

　2005（平成17）年に**有限会社法**は廃止され，これまでの有限会社は商号が「有限会社」のまま株式会社に包摂されました。そして，**特例有限会社**として「会社法の施行に伴う関係法律の整備等に関する法律」（以下，「整備法」という）によって，これまでの有限会社法に特有の規制が実質

的に維持されています（整備法2条〜44条）。

旧有限会社タイプが株式会社の最も簡素な基本型ともいえます。すなわち，**取締役会のない株式会社**も可能となり，このタイプの株主総会の権限は万能です（会社法295条1項）。取締役会が設置される株式会社の株主総会の権限には制約があります（同条2項）。これは取締役会に総会の権限が移された結果といえます。そして，多様な機関構成が認められ，これを株式会社の**機関設計の柔軟化**（会社法326条）といいます。取締役会の設置の有無によって，総会の権限が左右される点に注目して，顧問先からの機関設計に関する相談に対応しましょう。総会の権限が大きくなれば，経営者と株主との力関係にも影響します。

(2) 資本金と準備金

株式会社では，とくに**資本金制度**が注目されます。資本金とは，会社債権者が，有限責任しか負わない株主に債務の弁済を請求できないという原則のもとで，債務を弁済してもらうことのできる一定の金額を示すものです。

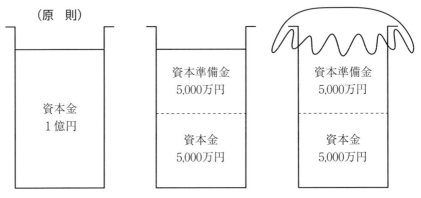

（原 則）

資本金
1億円

資本準備金
5,000万円

資本金
5,000万円

資本準備金
5,000万円

資本金
5,000万円

（出所）「資本金と準備金」の図は，山下眞弘編著『会社法の道案内』（法律文化社，2015）87頁以下〔道野真弘執筆〕参照

　たとえば，ある会社の設立に1億円が必要だとします。そこで，1株5万円の株式を2000株発行したとします。その場合，原則として1億円が**資本金**となりますが（会社法445条1項），集めた金額の2分の1を超えない範囲（上限5000万円）で資本金に計上しない（組み入れない）こともできます（同条2項）。資本金として計上しないこととした額は**資本準備金**として計上しなければなりません（同条3項）。もちろん資本金に相当する額は現金で保管する必要はなく，それは経営に活用するものですが，会社債権者を保護するために一定のルールがあります。**資本金と資本準備金**に大きな違いがあるわけではなく，資本金が大きい方が信用度が高く見えますが，あまり大きいと税額も大きくなるなどコスト増の面もあり，そのバランスを考慮して各会社で決めることになります。そして，資本金と資本準備金の合計を超えた一定の金額について，いわば資本金の枠ともいえる容器から溢れ出た部分が，**分配可能額**（図では利益準備金等を無視しています）として，株主への剰余金配当に用いることができるのです。

　なお，**準備金**はクッションですから一定程度計上することが求められ，株主に剰余金配当をする場合は，準備金（資本準備金と利益準備金）の合計額が資本金の額の4分の1に達するまで，配当により減少する剰余金の額の10分の1を準備金として計上することが求められています（同条4項）。準備金の額は使用されることにより減少し，使用される場合として，①資本の欠損の塡補および②資本に組み入れる場合があります。**資本の欠損**とは，純資産額が資本金と準備金の合計額より少ないことをいいます。②は準備金が過多となって資本との均衡がとれない場合などに用いられてきました。なお，資本金と異なり準備金の額の減少手続きは株主総会の普通決議で足ります（会社法309条1項・2項参照）。その点でも準備金はクッションの役割に適しています。

(3) 資本金の額の減少（減資）

　近年，**大企業が減資して形式的に中小企業化する事例**が目立っています（日経2021年3月7日記事）。資本金の額の減少（減資）をして，資本金1億円以下の企業に縮小しますと，①**税制上の中小企業**とみなされ税負担が軽減されるほか，②**巨額損失の補塡原資**を生み出すこともできます。逆に「**増資**」して財務の健全化を図る手法もありますが，増資には引受先が必要となるため，コロナ禍のような緊急事態には間に合わないという難点があります。国税庁によりますと，資本金1億円以上の企業は，2018年度には3万社に減少し，コロナ禍中の2020年には1億円以下への減資が上場企業だけで16社に上るという状況です。直近の2021年には，同様の目的でJTBやANAセールスなどが大幅な減資を公表しました。

　「**資本金**」は会社が確保しなければならない計算上の枠組であって，前述の通り，現に存在する財産とは別物で，会社債権者を保護するため資本金に見合う財産を会社に留めておくべき**数額**です。資本金とは，株主が会社に払い込んだ金額のうち，会社法で定められた法定資本の額（会社法445条1項）のことで，資本金を減少させる手続きが減資です。**減資の手続き**は，原則として株主総会の特別決議（会社法447条1項，309条2項9号）によります。

　なお，減資は合法的な資本政策で合理的な方法でもありますが，税負担の軽減を目的にして必要以上に資本金の額を縮小することは，税の公平性の観点から問題がないわけではなく，赤字であっても企業は行政サービスを享受している限り納税すべきということもできます。極端な減資が横行しますと，資本金制度の存在意義にも影響を及ぼしかねません。

⑷　中小会社の運営システム（機関）

　定款の定めで発行する全株式について譲渡制限のある会社（非公開会社）の中で，中小会社の運営システムは簡易です。株式会社の機関としては，**株主総会と取締役**を設置する必要がある（会社法326条1項）という要件がありますが，それ以外は柔軟になっています。**定款の定め**によって，取締役会，**会計参与**，監査役，監査役会，会計監査人その他を置くことができます（会社法326条2項・327条）。ただし，全くの自由というわけではありません。前述の通り，**株主総会の権限は万能**（会社法295条1項）というのが原則ですが，取締役会を設置すると，**株主総会の権限が制限**され（同条2項），監査役などを置かなければなりません（会社法327条2項）。このように条件がつきますので，会社法326条及び327条に留意する必要があります。

　ところで，緊急事態などで株主総会の招集や開催地が制約されたような場合，会社としてはどのように対応すべきでしょうか。**緊急事態下での株主総会の開催方法**として，**書面決議**（会社法298条1項3号）がありますが，他の方法として **Web 会議システム**を利用した**株主総会**も認められています。経済産業省が2020年2月26日に公表した「ハイブリッド型バーチャル株主総会の実施ガイド」では，現行会社法の解釈として，「開催場所と株主との間で情報伝達の双方向性と即時性が確保されている」ことを前提に，このような総会の開催が許容されました。

　会計参与について，これは会計ではなく取締役に近いものと理解すべきです。とくに税理士の立場にあれば，その資格に期待して**会計参与へ**の就任を要請されることもあります（会社法333条1項）。会計参与は，取締役と共同で計算書類の作成を行う機関です（会社法374条）。会計参与は会計を担当する**取締役のような位置づけ**ですが，株式会社であれば

規模等を問わず，任意に定款の定めにより会計参与を設置することができます（会社法326条2項）。しかし，当初の期待とは異なり会計参与の活用は必ずしも芳しくなさそうです。その理由としては，会計参与は会社の役員としての義務と責任を伴うため（会社法330条，民法644条），税理士にとってリスクの大きいことが挙げられます。

会社の運営組織のことを教科書的には**機関**といいますが，運営システムとしての**機関**というのは一体何なのでしょうか。機関を問題とするのは，たとえば株主総会や取締役会などの**機関とされる運営組織**が，判断し行為したことが会社の意思決定であり会社の行為となるという意味です。会社は法人ですから手も足もありませんので，人が機関というものを構成しないと会社は動くことができないということです。そして，会社に法的効果が発生するには，機関というものを法定し，権限を明確にしておく必要があります。そして，出資者で構成される株主総会に大きな権限を与えたり，経営のプロで構成される取締役（会）に一定の業務執行権を付与して，権限を分配することで合理的に会社が運営されることになります。

(5) 「定款」（会社法27条）の確認

顧問先から委任されましたら，とにかく**定款**を真っ先に確認すべきです。定款には，その会社について，①目的，②商号，③本店の所在地，④設立に際して出資される財産の価額又はその最低額，そして⑤発起人の氏名又は名称及び住所が記載（記録）してあります。この5項目は不可欠で，ひとつでも記載がなければ定款が無効となります（**絶対的記載事項**）。①の目的には，会社が営みうる事業が**具体的に列挙**されており，最後に「その他これに付帯関連する一切の事業」と記載する例が一般的です。ここに記載されていない無関係な事業を行いますと，会社の行為

として効力が否定される場合があります。つまり，会社の行為として認められるためには，その行為が会社の**権利能力**の範囲内にあることが要件です（民法34条）。②の商号を見れば会社の種類も分かります（会社法6条2項）。これらの他に，会社が発行することができる株式の総数（**発行可能株式総数**）も定款に定めておく必要があります（会社法37条1項・2項）

　なお，**中小会社の定義**は様々で，①会社法2条6号の大会社以外が中小会社という場合もありますが，②本書では，税理士実務で一般に扱う資本金1億円以下の**税法上の中小企業**もしくは**「中小企業基本法」による会社**というイメージとしておきます。

❷　合名会社・合資会社・合同会社（持分会社と総称）の特色

(1)　合 名 会 社

　合名会社は**無限責任社員**だけから構成されます（会社法576条2項）。その責任は債権者に対する**直接責任**です（会社法580条1項）。出資は金銭その他の財産（会社法151条柱書き）に限られず，その他の**労務・信用**等も出資が可能です（会社法576条1項6号）。出資者が債権者に対し直接・無限責任を負うからです。

　各社員は原則として合名会社の業務を執行し（会社法590条1項），対外的に合名会社を代表します（会社法599条1項）。構成員が業務執行を直接行うということです。社員が投下資本を回収するには，①他の社員全員の承諾によって社員の地位（持分）を譲渡するか（会社法585条1項・4項），あるいは②退社をします（会社法606条）。

(2) 合 資 会 社

　合資会社は，**無限責任社員と有限責任社員**から構成されています（会社法576条3項）。無限責任社員の責任は，合名会社の社員と同じです（会社法580条1項）。**有限責任社員の責任**は，株式会社（間接責任）と異なり**直接責任**です（会社法580条2項）。**合資会社の有限責任社員は全額出資でなく，未出資の部分が残されているため，その部分について債権者に直接責任を負う**ことになります。出資の形態は，**無限責任社員**については合名会社の場合と同じです（会社法576条1項6号）。これに対して**有限責任社員**については金銭その他の財産に限られます（会社法576条1項6号）。無限責任社員あるいは有限責任社員であるのかにかかわらず，**各社員は原則として合資会社の業務を執行**し（会社法590条1項），**対外的に合資会社を代表**します（会社法599条1項）。

　社員の地位からの離脱（出資金の回収）については，無限責任社員あるいは業務を執行する有限責任社員であれば合名会社の社員と同じです。これに対して業務を執行しない有限責任社員も，持分の譲渡あるいは退社による点では同じですが，持分の譲渡には他の社員全員ではなく業務執行社員全員の承諾があれば足ります（会社法585条・606条）。

(3) 合 同 会 社

　合同会社は，**有限責任社員**だけから構成されています（会社法576条4項）。出資を履行する際に出資の全額を払い込まなければなりません（会社法578条・604条3項）。それ以外には経済的支出をする責任はありません。責任は**間接責任**です（会社法580条2項）。出資は，**金銭その他の財産**に限られます（会社法576条1項6号）。社員の経営への参加（会社法590条1項・599条1項）・社員の地位からの離脱（会社法585条・606条）

については，**合資会社の有限責任社員と同じ**です。

　合同会社は，**所有と経営が一致**（出資者＝経営者）していることから，①柔軟な機関設計による機動的な経営を実施することができること，②広範な定款自治により，投資ファンド（ベンチャー・キャピタル）との柔軟な利害調整が可能であること，③設立費用やランニングコストが低廉であることなどがメリットとして挙げられます。合同会社は，出資者の「有限責任」を確保しつつ，人的組織として会社内部は「**組合**」的規律が適用される「会社」類型で，いわば旧有限会社の生まれ変わりという見方もあります。しかし，**合同会社には大規模な会社も少なくありません**。たとえば，外資系企業の日本子会社である合同会社西友，エクソンモービル・ジャパン合同会社，アマゾンジャパン合同会社などが有名です。また，米国親会社の完全子会社として日本で活動する場合，合同会社を利用すれば米国の**税制上のパス・スルー**によって，日本子会社の利益を親会社に配当しても，その段階では課税されないという利点もあります（太田達也『合同会社の法務・税務と活用事例（改訂版）』税務研究会出版局，2019）。

(4)　株式会社との対比─持分会社

　会社法上の株式会社の制度は，株式会社をめぐる多様かつ複雑な利害関係を合理的かつ集団的に解消する機能を有していますが，反面，その運営には手続的な負担や相応の費用が必要となります。したがって，企業活動の当事者や利害関係人の範囲が狭い会社，あるいは利害関係が複雑ではない会社には，株式会社に求められる規律は過剰なものとなる場合があります。そこで，会社法は，株式会社形態を採用するまでもない閉鎖的な組織を想定した**持分会社**（会社法 575 条 1 項かっこ書）と総称される会社類型（合名会社・合資会社・合同会社）を規定しました。

③ 会社法の特徴

(1) 会社法の特徴

　株式会社法の目的は**株主保護と債権者保護**の調整といえます。そして，組織に関する法として，会社法は強行規定（合意で変更不可）という特色があり，自由裁量の任意規定ではありません。国際競争力の強化の要請や経済活性化の必要に応じるため，会社法では**規制緩和と定款自治**の拡大が進んでいます。

(2) 会社法と商法の関係

　商法の総則規定（第1編4章〜第7章）は「個人商人」のみを規制（商法11条かっこ書）し，会社に適用される総則規定は会社法第1編2章〜4章に置かれています。全体に通じる総則は，商法と会社法に共通するものですが，会社法は自己完結型として，総則規定も置いています。ただし，商行為法（商法第2編）は会社・個人商人ともに適用されます（会社法5条）。

(3) 関係法律の整備

　商法施行規則・会社法施行規則・会社計算規則・電子公告規則（**法務省令**）および前掲の「会社法の施行に伴う関係法律の整備等に関する法律」（「**整備法**」と略称）が実務でも重要です。特に整備法は**特例有限会社**について規制しています。

　整備法みなし規定の適用が注目されます。旧有限会社から特例有限会社への自動移行と定款変更について，整備法5条などの「みなし規定」により，原則として法令上は定款の変更事項がありません。ただし，会

社法・整備法に準拠した定款にしておくのが適正です。すなわち，用語の変更（社員を株主に変更するなど）に伴う定款上の用語変更をするのが適正です。また，旧有限会社の定款記載事項のみなし経過措置に伴う記載変更をするのが適正といえます。旧有限会社の「資本の総額」「出資一口の金額」「社員の氏名等」などの記載事項は削除すべきでしょう。さらに，旧有限会社に存在しなかった「**発行可能株式総数**」などを追加するのが適正です。自動移行に伴う登記についても，原則として手続きは不要で，職権による登記がなされます。整備法 76 条など「みなし規定」により法令上は定款の変更事項はありません（原則）。ただし，会社法・整備法に準拠した定款にしておくのが適正です。また，用語の変更も留意しておきたい事項です。

　特例有限会社から株式会社への商号変更についてですが，**定款変更**により株式会社に商号変更できます（整備法 45 条 1 項）が，逆戻りは不可能ですから慎重にすべきでしょう。商号変更のほかにも変更すべき場合があることに留意しましょう。特例有限会社の取締役の任期は無期限のため，任期は定款で定めていないはずですから，非公開株式会社で 2 年以外の任期とするには定款で定める必要があります。その他，**機関設計**（会社の運営組織）についても，定款に定める必要があります。

④　定義規定

(1)　公開会社

　これは**上場会社**とは無関係な概念で，**株式譲渡制限会社でない会社**を意味します。分かりにくい用語ですが，発行する株式のうち**一部でも「定款」上に譲渡制限がなければ「公開会社」**（会社法 2 条 5 号）とされます。定款上「譲渡制限のない株式（譲渡が自由な株式）」の定めさえあれば，

現に発行済株式の全てが譲渡制限株式であっても公開会社に分類されることに留意しましょう。譲渡制限というのは，譲渡が禁止されているということではなく，株式を譲渡するには会社の承認が必要な株式のことです（会社法2条17号）。承認がないままで譲渡しても譲受人は会社に株主として認めてもらえないことになります（会社法108条1項4号）。

公開会社かどうかを議論する意味は，公開会社であれば取締役会の設置義務があるからです。公開会社は一部の株式でも譲渡が自由なため，外部から未知の株主が入ってくる可能性があり，取締役会を設置して慎重な運営をするよう配慮しました。

(2)　株式譲渡制限会社

これは，発行する株式のすべてに定款上譲渡制限が付されている会社のことで，定款上において全株式譲渡制限会社の意味（非公開会社）です。譲渡制限というのは上述しましたが，ここで詳しく説明しますと，譲渡による「取得」に譲渡制限会社の承認を要するということです。その意味は，譲渡は当事者の意思次第で自由でも，株式の譲受人が会社に株主であると認めてもらうには会社の承認が必要であるということです。その意味で譲渡に制約があるということです。譲渡制限株式を発行する目的は，小規模で閉鎖的な会社においては，誰が株主かという意味で株主の個性が重視されるため，外部から会社にとって好ましくない株主が入ってくるのを防ぐことにあります。

(3)　種類株式発行会社（会社法2条13号・108条1項）

「定款」に2以上の種類の株式の内容が規定されている会社のことです（会社法108条2項）。現に2以上の種類の株式を発行していることは不要ですので，そこに留意しておきましょう。なお，株式の内容に関

する会社法107条と108条の関係に注目しておくべきです。すなわち，107条は全部の株式についての特則で，108条が一定の事項について内容が異なる種類の株式（**種類株式**）に関する規定です。数種の株式を発行することで，投資家の様々なニーズに応え，会社の資金調達が容易になるというメリットがあります。

(4)　種 類 株 式

種類株式を認めたのは，経営に関心がある株主や配当だけに関心のある株主など株主の多様なニーズに応えるためですが，種類株式は**事業承継や企業再生**にも活用できます。

①　剰余金配当・残余財産分配に関する種類株式（会社法108条1項1号・2号）

剰余金の配当や残余財産の分配について，他の株式より優先的（有利）な扱いを受けるものを優先株式といい，逆に不利な扱いをされるものを劣後株式といいます。たとえば，業績の不振な会社は優先株式を発行すれば株主を集めやすくなります。逆に業績がよい会社であれば不利な条件の株式でも株主を集めることができます。

②　議決権制限株式（会社法108条1項3号）

これは議決権の行使事項について制限されている種類株式です。これを発行する意図ですが，たとえば，議決権を全く付与しない**無議決権株式**を発行すれば，会社の支配関係に影響を与えずに資金調達ができます。ただし，公開会社では議決権制限株式の総数に50％割合の制限があります（会社法115条）。

③ 譲渡制限株式（会社法108条1項4号）

　これは，譲渡による株式の取得について会社の承認が必要な株式（会社法2条17号）で，この種類の株式を有する株主は会社の承認がなければ自由に第三者に株式の譲渡ができないのです（108条1項4号）。これを発行する意図は，小規模で閉鎖的な会社の場合に，会社にとって不都合な株主が現れるのを防止するところにあります。なお，全部を譲渡制限株式にする会社では，取締役会や監査役を設置しないことができます（会社法327条1項参照）。

④ 取得請求権付種類株式（会社法108条1項5号）

　これは株主が会社に対して，その**種類の株式**の取得を請求することができるものです。これは，種類株式として取得請求権付としたものですが，すべての株式を取得請求権付株式とすることもできます（会社法107条1項2号）。

⑤ 取得条項付種類株式（会社法108条1項6号）

　これは一定の事由が生じたことを条件に，会社が株主から株式を強制的に取得できる**種類株式**です。なお，すべての株式について取得条項を付することもできます（会社法107条1項3号）。

⑥ 全部取得条項付種類株式（会社法108条1項7号・2項7号）

　これは，会社が株主総会の特別決議で当該種類株式の全部を取得することができるものです。これを活用すれば，企業再生に活用できる100％減資が可能となります。また，この種類株式は株式取得によって実現した企業買収後に残存する少数株主の締め出し（キャッシュ・アウト）の手段にも用いられます。

⑦　拒否権付種類株式（会社法108条１項８号・２項８号）

これは，総会決議のほかに当該種類株主総会決議が必要な種類株式です（**黄金株**）。たとえば，創業者である代表取締役の会社支配権の維持などが目的で，この種類株式の株主は会社の重要な意思決定（代表取締役の選定など）に対し拒否権をもつことができます。

⑧　取締役・監査役選任権付種類株式（会社法108条１項９号）

これは役員選任権付種類株式で，当該種類株主総会で取締役等の選任をすることとなっている種類株式です。ただし，これは公開会社等では認められません（会社法108条１項ただし書き）。

以上，108条１項１号から９号までが**種類株式**です。この他，**属人的定め**（会社法109条２項）にも留意しておきましょう。つまり，**全株式譲渡制限会社**は，株主平等原則にもかかわらず，株主ごとに異なる取り扱いを行う旨，定款で定めることができるというものです。異なる扱いの対象は，剰余金配当，残余財産分配，議決権について，株主ごとに異なる取り扱いをする旨を定款で定めることができます。これは種類株式そのものではなく，**属人的みなし種類株式**ともいいます（会社法109条３項）。

(5)　種類株式活用の留意点

①　無議決権株式の落とし穴

完全に議決権を排除する株式設計はできないことに留意しましょう。無議決権種類株主でも，その株主に損害を及ぼす恐れがある場合には，その無議決権種類株主総会で議決権行使ができます（会社法322条１項）。

②　優先株式に関する誤解

優先株式は剰余金配当や残余財産分配が実行されなければ絵に描いた

餅となります。無議決権株式が普通株式より配当等で優遇されるのは配当される時だけなのです。

③ 譲渡制限株式に関する誤解

完全な譲渡禁止はできず、みなし譲渡承認（会社法145条）に留意しましょう。会社が法定期間内に株式の買取人を見つけない場合は、承認請求をしている譲渡制限株式の株主に対し、会社が**譲渡承認請求**を認めたとみなされます。

(6) 取締役会設置会社

これは、取締役会を**任意**に置く株式会社または取締役会を置くことを会社法によって**義務**づけられた株式会社です（会社法2条7号）。会社法の規定によって**取締役会**を置かなければならないのは、公開会社、監査役会設置会社、それに委員会等設置会社（会社法327条1項）で、取締役会を置かない株式会社は**取締役会非設置会社**ともいいます。なお、取締役会設置の有無で機関のあり方に差異があり、非公開中小会社であっても、取締役会設置会社は**監査役**を置かなければなりません（会社法327条2項）。取締役会非設置会社の場合は、取締役だけの設置で足ります。もちろん、いかなる会社でも**株主総会**は必ず置かなければなりません。株主総会は、株主の総意によって株式会社の意思を決定する必要的機関です。

(7) 親 子 会 社

この認定基準は、**議決権基準**に加えて**支配基準**もあります（会社法2条3号・4号、会社法施行規則3条）。これまでは他の会社の議決権の過半数を有する会社が親会社とされ、株式をもたれている会社が子会社とさ

れてきましたが，これに支配基準が加わった結果，支配と被支配の実質判断も必要となりました。**子会社**とは，他の会社（持分会社も含む）によりその総株主の議決権の**過半数**を持たれている株式会社，また他の会社がその経営を**支配**している法人として法務省令で定めるものです。これに対し，**親会社**とは，株式会社を子会社とする会社（持分会社を含む），また当該株式会社の経営を支配している法人として法務省令で定めるものをいいます。ここでいう法務省令は**会社法施行規則**のことです。

⑤　2014（平成26）年改正会社法

(1)　中小会社実務に影響する改正事項

①　特別支配株主の株式等売渡請求制度の導入（会社法179条以下）

これは圧倒的多数株主による少数株主の締め出しを目的とした制度で重要なため，(2)で詳説します。

②　親会社による子会社株式の譲渡規制の導入（会社法467条1項2号の2）

2014（平成26）年の会社法改正前は，株式会社が子会社の株式（持分）を譲渡するときに総会決議は不要でした。しかし，大半の株式譲渡の結果，子会社に対する親会社の支配権を失うこととなり，これは重大事項であるため，事業譲渡と同じ譲渡規制をすることになりました。

③　詐害的な会社分割における債権者保護規制（会社法759条4項以下）

たとえば，破綻寸前のA社が債権者を害することを知りながら，不当に債務を免れるために会社分割を行う例があります。このように，A社

からB社に会社分割が濫用的に行われた場合に，A社の債権者Xを保護するため，XがB社に対し債務の履行を請求することができるようになりました。ただし，B社がA社から承継した財産の価額を限度とされますので，Xは満額の請求ができるとは限りません。

以上が検討の対象となりますが，とくに重要な上記①特別支配株主の株式等売渡請求制度について詳しく説明します。

(2) 特別支配株主の株式等売渡請求制度の導入

① 特別支配株主の株式等売渡請求とは

これは，たとえばA会社の「**特別支配株主**」Xが，A会社の株主（A会社および当該特別支配株主を除く）の全員に対し，その有するA会社の株式の全部を当該特別支配株主に売り渡すことを請求できる制度（会社法179条1項）です。その目的は，金銭を対価として，A社の少数株主を締め出すことにあります。少数株主が存在しますと，多数派が会社の方針を自由に決定できないため，少数者に対価を払って締め出しをするという制度ですが，このような制度には，少数派を保護する立場から議論もあります。

② 「特別支配株主」とは

これは，上記A社の総株主の議決権の10分の9（定款でこれを上回る割合を定めることもできる）以上を有している株主Xのことです。A社の圧倒的な多数派Xが，「キャッシュアウト」（少数者締め出し）のために総会を開く手間を省き，金銭を渡して少数派をA社から追い出すことで，100％支配権を手に入れることができ，簡略な方法で思い通りの会社運営が可能となります。

③　この制度を利用できる特別支配株主

これは会社に限定されず，一般の人（自然人）あるいは会社以外の法人でも法務省令で定められれば（会社法179条1項）**特別支配株主**になれます。90％という議決権割合の算定にあたっては，Ｘその者が単独で90％分を有する場合だけに限定せず，Ｘの完全子会社の保有議決権も合算することができます（会社法179条1項，会社法施行規則33条の4）。

④　なぜ「全部取得条項付種類株式」ではだめか

これまでは，少数株主の締め出しに「全部取得条項付種類株式」（会社法171条1項）を利用してきましたが，それによりますとＡ会社の総株式の10分の9以上を有している株主Ｘが取得請求する場合でも，Ａ会社の株主総会決議が要件とされたため不便でした。これを解消したのが**特別支配株主の株式等売渡請求制度**なのです。

⑤　特別支配株主の株式等売渡請求の手続

売渡請求をするには，特別支配株主Ｘは，Ａ社に対し通知しＡ社の承認を受けます（会社法179条の2）。承認をしたＡ社はＸに対して，承認をしたことを通知または公告します。この時点で売渡請求がなされたものとみなされるわけです（会社法179条の4）。特別支配株主Ｘは，取得日に売渡株式全部を取得し対価を同日交付します。

⑥　会社による株式取得方法

会社が相手方の意思に係わらず，その保有株式を取得する方法としては，主として以下の制度があります。

・取得条項付種類株式の取得（会社法155条1号・107条2項3号イ・108条2項6号）

・全部取得条項付種類株式の取得（会社法 155 条 5 号・171 条 1 項）

・相続人等に対する売渡請求による取得（会社法155条 6 号・176条 1 項）

・所在不明株主の株式の買取（会社法 155 条 8 号・197 条 3 項）など

❻　取締役の善管注意義務・忠実義務と従業員の義務

(1)　取締役の義務と責任

　取締役は会社と委任関係（会社法 330 条）にあるため，善良な管理者としての注意義務（**善管注意義務**―民法 644 条）を負います。あわせて取締役は，職務を行うにあたって会社の利益となるよう行動しなければならない**忠実義務**を負っています（会社法 355 条）。このような厳格な義務を負っている取締役が，**任務懈怠**を行い会社に損害が発生しますと，取締役として会社に対し損害賠償責任が課せられることになります（会社法 423 条）。

　このような義務を具体的に反映して，取締役は会社との利益相反行為が規制されます。①取締役が自己または第三者の利益のために会社の事業の部類に属する取引（**競業取引**）を行う場合は会社の承認が必要となり（会社法 356 条・365 条），②取締役が当事者となって会社と取引をするなどの行為（**利益相反取引**）についても，同様に会社の承認を要します。さらに，③**取締役の報酬**についても，その額を定款または株主総会決議で決めることが求められています（会社法 361 条）。そこで，**交際費**などの取り扱いが問題となるわけです。使途が不明の交際費は，実質上の報酬と見なして，交際費として使用したことが明らかにされない限り，これを受領した取締役はその全額を会社に返還しなければなりません。そして，取締役の**報酬**は賞与その他職務執行の対価であれば名称のいかんに関わらず報酬規制の対象とされ，これを**報酬等**といいます（会社法

361条1項）。したがって，名目が交際費であっても，その実質が上記の対価であれば，それは報酬として扱われることになります。

(2)　従業員の義務と責任

委任契約ではなく，**雇用契約**関係（民法623条）にある支店長など**支配人**（使用人）については，**競業・営業避止義務**が課せられています（商法23条，会社法12条）。ところが，一般の従業員（使用人）には明文の規定がありません。そこで，法の趣旨から解釈して解決するほかないわけです。雇用関係にあることをもとに，従業員一般にも**誠実義務**を認め，これを根拠に**競業・営業避止義務**を従業員一般にも類推すべきとされます。問題は，自由時間を利用した活動はどうなるかです。使用者にとって不利益となる行為は，これも義務違反とされます。雇用契約が終了すれば義務も消滅するのが原則ですが，雇用期間に知り得た使用者の機密事項を不当に利用するのは義務違反となりえます。そこで問題は，この義務はいつまでも永続するのかという点です。使用者の機密事項を不当に利用するのでなければ，退職者の自由を尊重すべきでしょう。

(3)　取締役の他社兼任

「A社の取締役（代表取締役を含む）が，競業関係にあるB社の取締役もしくは使用人に就任することについて，とくに会社法上の問題はないか。」という質問を受けることが実際にありました。結論として，**取締役が他社の取締役や使用人に就任することに問題はない**ということになります。

①　会社法356条1項1号は，取締役が**競業および利益相反取引**を行う場合について，会社の承認を要すると規定しています。取締役会を設置する会社にあっては，その承認は取締役会においてなされま

す（会社法365条1項）。

② A社の取締役がB社の取締役に就任することが，上記①の「取引」に該当するかが問われていますが，会社法356条は，取締役が他の会社の使用人や取締役に「就任」することは規制の対象としておらず，それらに「就任」することについて会社の承認は要しないという結論になります。

③ ただし，就任した後，**A社取締役がB社の代表取締役として，B社のために競業行為をする場合は，その行為は356条の取引に該当**しますので，A社取締役会の承認が必要となります。この承認手続は個別の取引ごとに承認を得るという方法に限られず，「包括的な利益相反取引」について承認を得ることをもって足りるとされています。

④ 上記③と異なって，A社取締役がB社の代表権なき平取締役に就任した場合であっても，B社の代表取締役と共同して取引を行ったような場合は，356条の「取引」にあたります。

(4) 支配人の他社兼任

上記と異なり**A社の「使用人（支配人）」**は，A社に全労働を提供する立場にあり，A社の取締役会の許可がなければ，B社の取締役や使用人になることすらできません（会社法12条）。取締役は会社と委任契約関係にあるため，**注意義務**（民法644条）や**忠実義務**（会社法355条）を負い，取締役は会社の利益と衝突するような行為は避けなければならないのです。これに反しますと，損害賠償責任が生じることになります。

会社と取締役の利益が最も衝突する典型的な場面として，会社法は上記の「競業および利益相反取引」を特に規定しており，それ以外の行為であっても結果として損害が発生すれば，**注意義務や忠実義務違反**とな

ります。

7　会社設立と解散清算の留意点

　税理士が関与する対象は運営中の会社であるの普通ですが，会社は解散することもあり，**清算にかかる税務申告**に関与することも予想されます。さらには，個人経営者から法人成り（会社設立）をするという相談もあり得ます。そこで，本書では，税理士実務に必要な範囲で，**会社設立および解散・清算の実務ポイント**を押さえておきます。**緊急事態の影響を受け廃業に至るケースの増加が予想される時代ですので，税理士が会社の後始末に立ち会う場面**に遭遇するのも珍しくなくなるかも知れません。

(1)　会社の設立

　株式会社は以下のプロセスで成立しますが，株式会社以外の設立手続きは，さらに簡略化されています。①定款の作成（会社法26条1項），②株式発行事項の決定と株式引き受けの確定，③会社を運営する機関の選任，④出資の履行，そして，⑤設立の登記で成立します。**登記が決め手**です。設立の方法には，発起人だけで設立する**発起設立**と発起人に加えて出資者を募る**募集設立**の2種類があります。

　定款の内容には，**絶対的記載事項**として，記載しなければならない事項があります。記載がない場合には，定款の全部が無効になってしまいます。**記載事項は6つ**で，①目的，②商号，③本店の所在地，④設立に際して出資される財産の価額またはその最低額，⑤発起人の氏名または名称と住所，⑥発行可能株式総数です。次に，定款に記載しないと効力が生じない**相対的記載事項**があります。これは**記載しなくても定款が無**

効になるわけではありません。これは会社の事情に応じて必要がなければ記載する必要はありません。たとえば，**公告の方法**は，官報，日刊新聞（時事に関する事項を記載するものに限る），電子公告の３つから選択することができますが，定款で何も定めなかった場合には，官報によることになります。最後に，**任意的記載事項**があります。これは定款に記載するかどうかは，まったく自由な事項です。定款で定めなくても，株主総会決議や取締役会の内部規程で定めても効力は生じますが，定款で定めれば，それを変更する場合には，定款変更の手続きという厳格な手続きが求められるようになります。このように厳格な手続きを求められる余地がある点に，**任意的記載事項の存在する意味**があります。

(2) 会社の解散

　株式会社が終わる時期は，法人格が消滅する時です。**法人格の消滅**をもたらす原因となる事実のことを「**解散**」といいます。具体例を挙げれば，たとえば，**解散事由**には，会社を解散する旨の株主総会決議などがありますが，これによって直ちに法人格が消滅するわけではないことに注意する必要があります。法人格が消滅するのは，解散の後に行われる**清算手続きが終了した時**です。解散すると原則として清算の手続きが開始されます。清算は会社の後始末のために法律関係を整理する手続きです。この**清算手続きの終了時に法人格が消滅**します。重要なことは，**何をもって清算手続きが終了したと認められるか**です。

　なお，合併の場合には，合併によって清算手続きを経ることなく直ちに法人格が消滅し，破産手続開始決定の場合には，破産手続きが終了したときに法人格が消滅します。

(3)　休眠会社のみなし解散（会社法472条）

　休眠会社とは，「株式会社であって，当該株式会社に関する登記が最後にあった日から12年を経過したもの」をいいます（会社法472条）。株式会社は，通常は2年に1回，最低でも約**10年に1回**は変更登記の必要があるはずです。**取締役の任期**が，公開会社でない会社であっても，最長で10年だからです（会社法332条2項）。法務大臣は，休眠会社に対してその本店の所在地を管轄する登記所に事業を廃止していない旨の届出をすべき旨を官報に公告し，登記所からこの公告があった旨を通知します。休眠会社が，その届出をしないときは，その2ヶ月の期間の満了の時に，解散したものとみなされます。ただし，この期間内に何らかの登記がされれば，解散したものとみなされることはありません。また，解散したものとみなされた場合であっても，3年間は株主総会により**会社継続の決議**をすることで会社を継続することができます（会社法473条）。

(4)　会社の清算

　会社の清算は会社を取り巻く利害関係人に迷惑をかけないため，会社の法律関係を整理する手続きです。すなわち，①会社が**業務を終了**させ（会社法481条1号），②**債権**を取り立て，会社債権者に対して**債務**を弁済し，財産が残れば，③株主に対して**残余財産の分配**をするなどの手続きです（会社法481条）。清算会社は，清算目的でのみ権利能力を有することになります。つまり，清算会社には，**営業取引をする権利能力**がありません。清算は，株式会社の場合には常に法定の手続きに従うことが求められます（**法定清算**）。これは，株式会社の場合には，株主が会社債権者に対して責任を負わず（会社法104条），会社債権者の引当てとなる

のは会社財産だけだからです。

株式会社の清算には，**通常清算と特別清算**の2つがあります。特別清算は，実質的に倒産処理方法の1つで，裁判所の監督の下で行われます。

(5) 清算会社の機関

清算会社には，**清算人と株主総会が必ず設置されます**（会社法477条1項，492条3項・497条）。そして，定款の定めによって，清算人会，**監査役（会）を設置することができます**（会社法477条2項）。その他の**取締役，会計参与，会計監査人，委員会は置くことができません**（会社法477条6項）。**清算事務**（現務の結了，債権の取立て・債務の弁済，残余財産の分配など）は，清算人が行います（会社法481条）。清算人は，1人以上であれば足ります（会社法477条1項）。**清算人には，原則として解散時の取締役がなります**（会社法478条1項1号）。これを**法定清算人**といいます。清算人は定款や株主総会決議によっても選任することができ（会社法478条1項）。裁判所が選任することもできます（会社法478条2項）。

(6) 清算事務の終了

清算事務が終了し，かつ，株主総会によって決算報告が承認されると（会社法507条），清算が結了します。**清算が結了すると，法人格が消滅**します。清算が結了したときは，決算報告を承認した株主総会の日から2週間以内に，その本店の所在地において，**清算結了の登記**をしなければなりません（会社法929条1号）。ただし，**清算結了登記によって法人格が消滅するわけではありません**。仮に，清算結了の登記がなされても，清算事務が終了していなければ，法人格が消滅することはありません。ここが**設立の登記とは異なります**ので，注意が必要です。会社の設立段階では取引がないため外部に債権者は存在しませんが，会社清算の段階

では隠れた債権者が存在する可能性もあり，清算が完了しない限り会社が消滅することはありません。

(7)　会社の設立と消滅の比較

繰り返しになりますが，会社の設立は「**登記**」によって法人格が実現され会社が成立するのに，会社が消滅する清算の場合は，法人格の消滅が登記ではなく「**清算事務の終了**」が要件とされるのはどうしてでしょう。**なぜ，この場合は登記だけによらないのでしょうか**。清算は，周りに迷惑をかけないように後始末するのが目的の制度である，ということに目を向けてみましょう。**登記よりも清算がなされたことの意味が大きい**のです。もし，登記を基準にしますと，清算せずに登記だけして会社が消滅し会社としての責任を逃れる恐れもあります。そこで，登記よりも**清算事務の終了が重要**となるのです。このためには，取引先である債権者に弁済することを思いつきますが，労働問題にも留意しておきましょう。**会社の消滅は解雇が伴うため，労働問題に発展する危険性**を含んでいます。取引先にはもちろんのこと，労働者にも誠実に向き合う姿勢が求められます（☛**本書第4章の8「労使紛争の防止」**）。

① 民法と税法—立ち入った議論

(1) 財産分与と租税

① 問題点—財産分与者に課税される理由は

　財産分与者に課税されるとして，**課税されることを分与者が知らな**
かった場合に錯誤を理由に分与の合意の無効を主張できるかを考えてみ
ましょう。これには，具体的な事案があります。「夫が妻と離婚する際
に自己の不動産を妻に分与する合意をしたが，妻に課税されるものと誤
解していた（それを窺わせるものとして，妻に課税されることを夫が気遣う発
言をしていた記録があった）。そして，譲渡所得税が夫に課税されること
が分かったため，**夫が錯誤無効を主張し**，本件不動産の所有権移転登記
の抹消登記手続きを求めた」という事例です。

　原審は「**動機の錯誤**」として夫の請求を退けたのに対し，最判平成元
年９月14日判時1336号93頁は，記録から夫が課税を重視していたことが
窺われ，それを黙示的に表示していたので，錯誤無効（注：改正民法で
は**取消**）の認められる余地があるとして，原判決を破棄しました。

② 最初の疑問—そもそも分与者に課税されるのが適正か

最判昭和50年5月27日民集29巻5号641頁が，分与義務者が分与をすれば，「財産分与の義務は消滅するが，この**分与義務の消滅は，それ自体一つの経済的利益**」と判示しました。この理屈は，AがBに1億円の財産分与をする際，**現金に代えて時価1億円の土地を分与**すれば，それで財産分与義務が消滅する。ここで，時価1億円の土地を過去に6000万円で購入していたとすれば，債務消滅益1億円との差額4000万円の譲渡所得がAに発生するというわけです。**現金に代えて時価1億円の土地を分与するのは「代物弁済」**（民法482条）ということになります。**代物弁済**とは，本来の給付に代えて**他の給付**をすることで債務を消滅させる契約をしたときに，当該**他の給付**をすれば弁済と同じ効力を有します。

③ 租税法学の通説では判決は理論的に誤り

財産分与には**清算**（実質的に**共有財産の分割**）の側面があります。**共有財産の分割は資産の譲渡に当らない**はずです。すなわち，財産分与のうち清算の意味を有する部分に譲渡所得は生じないというのが租税法学における通説的立場の結論です（金子宏『課税単位及び譲渡所得の研究』（有斐閣，1996年）101頁）。判例は財産分与が譲渡か否かに回答せず，譲渡収入の額を検討しています。ここが批判される的となったわけです。さらに財産分与には「**扶養**」や「**慰謝料**」の側面もあります。

そこで，**資産を受け取った側**（上の設例では妻）**に課税されない理由が問題**となります。**扶養義務者相互間**では，生活費または教育費に充てるためにした「生活に通常必要と認められる贈与」は非課税（相続税法21条の3）とされています。本件は「**離婚後の相手方の扶養**のためにする財産分与」ゆえに，上記の非課税の根拠はないのではという疑問も生じます。さらに財産分与には「**離婚による損害の賠償（慰謝料）**」の側

面もあります。課税実務では理由が不明のまま財産分与によって取得した財産については，贈与により取得した財産とはならないとしています（相続税法基本通達9－8）。いずれにしましても，これは疑問の多い問題です。

(2)　遺産分割と租税

①　相続税の目的

世代間で莫大な富の移転がなされた結果，大きな格差を生じるのを是正するのが相続税の目的です。

②　遺産分割前の相続税

申告期限までに未分割の遺産がありますと，法定相続分で分割したものとして課税されます。そして，後の分割結果が法定相続分と異なれば税額訂正手続きが用意されています。

③　遺産分割協議の詐欺取消や錯誤無効の場合

税法は私法上有効な遺産分割を前提としますので，遺産分割協議の無効によって申告や納付も原則無効となります。そこで，税額修正の必要があります。ただし，**確定税額の修正手続きは限定的**です（最判昭和39年10月22日民集18巻8号1762頁）。なお，後発的理由による更正の請求も厳格です（最判平成15年4月25日判時1822号51頁）。

④　再分割の場合

遺産分割協議書が作成され相続税申告をしたが，後に土地が大幅に値上がりしたため，相続人が再度遺産分割協議をしようと合意（再分割）した場合，すでに一度有効に遺産分割が行われていますので，**再分割は**

相続人間の贈与になるとか，資産の交換として譲渡となる可能性もあります（窪田充見『家族法（第4版）』（有斐閣，2019年）582頁以下参照）。民法上，**有効に成立した遺産分割協議の再分割**は，相続人間における財産権の移転を目的とした新たな法律行為と考えられるため，贈与税または譲渡所得の課税対象となるわけです。なお，詐欺や強迫による遺産分割協議の場合は，取消事由（民法96条）になりますので，協議のやり直しが認められます。

(3) 限定承認と課税関係

被相続人の**債務が不確定**の場合，**相続放棄**すべきか**限定承認**すべきかで悩みます。民法の立場では，**限定承認は「相続財産の範囲内で被相続人の債務を弁済し，財産が残れば相続できる」**という合理的な制度と理解されます。ただし，**方式が煩雑で相続人全員で行う必要**もあり，しかも財産が残って相続する場合には**課税問題**にも留意すべきです。限定承認の期限と方法（民法915条1項本文・923条・924条）および効果（民法925条）については，厳格な決まりがあります。

税法の対応ですが，相続税については，限定承認の場合，**債務超過**であることを前提としますと通常，相続税は問題とならないはずです。しかし，以下のように所得税の課税が問題となる場合があります。限定承認をしますと，**被相続人が「全資産を時価売却」したものとみなして，被相続人に対して譲渡所得税**（所得税法59条）が課されます。

その**理由は次のように**説明されています。限定承認の場合，全相続財産を換価して相続債務を返済されますが，この場合に，もし相続人が被相続人の「取得価額」を引き継ぐという所得税法60条によりますと，相続の後で行われる相続財産の換価について，「譲渡所得課税が相続人に課される」ことになってしまいます。ところが，換価した代金の全額は

相続債務の弁済に充当され，相続人は譲渡について課税された所得税を相続人の固有財産から納付するという不合理なことになるわけです。

　これを避けるため，所得税法59条は，限定承認の場合に，**相続財産が被相続人によって売却されたとみなし**，被相続人に譲渡所得課税を行っておけば，相続人が相続した資産の取得価格は「時価相当額」となり，相続後に相続財産を売却しても相続人に譲渡所得は生じないとするのです。

　以上の説明に**納得がいかない方のために**，ここで税理士による解説をそのまま引用します（山下眞弘編著『弁護士として知っておきたい中小企業法務の現在』（第一法規，2021年）155頁〔山下宜子税理士〕）。それは，以下の通りです。

【限定承認とみなし譲渡課税】

　「相続について限定承認をした場合，相続財産のうちに，不動産や有価証券等の譲渡所得の基因となる資産が含まれている場合は，これらの資産については，**限定承認に係る相続が開始した時に**，その時における価額で被相続人から相続人に対して譲渡があったものとみなして**譲渡所得等の課税**が行われる（所得税法59条1項一号）。譲渡所得に対する課税は，資産の値上りによりその資産の所有者に帰属する増加益を所得として，その資産が所有者の支配を離れて他に移転するのを機会に，これを清算して課税する趣旨のものと解されており，**必ずしも資産の移転が有償であることを要件とはしていない**（最判昭和43年10月31日裁判集民事92号797頁）。この論理からすれば，相続を原因として被相続人から相続人へ譲渡所得の起因となる資産の移転があったときには，譲渡所得課税と相続税課税が同時に行われることになるが，現行税制は，単純承認した場合は，相続した資産の取得価額及び取得時期は被相続人から相続人に引き継がれるとして，相続の時点で所得税課税が生ずることはなく（所

得税法60条1項），相続の限定承認や法人に対する贈与等によって資産の移転があった場合に限り，当該資産の値上がり益の清算をすることとしている。

　相続財産の清算に係る譲渡は，被相続人から相続人に所有権を移転した後に，相続人によってなされるため，当該譲渡による所得は相続人に帰属し，**相続人が納税義務を負うのが原則**といえる。しかし，それでは相続によって承継した財産の範囲内で被相続人の債務を弁済するという**限定承認制度の趣旨**を逸脱する結果となってしまう。そのため，所得税法は，限定承認があった場合に，譲渡所得の基因となる資産について，**相続開始の時に，被相続人から相続人へ時価により譲渡があったものとみなし，当該譲渡資産の値上がり益に係る租税負担は被相続人が負う**こととしている。相続人は被相続人が納付すべき国税を納める義務を承継するが，限定承認をした場合は，その相続人は，相続によって得た財産の限度においてのみその国税を納付すれば足りることとなり，相続人固有の財産に滞納処分が及ぶことはない（国税通則法5条1項）。

　相続税の課税価格の計算上，未納の公租公課など相続開始時の債務は相続税の債務控除の対象となり（相続税法13条），限定承認に係るみなし譲渡所得税は被相続人の債務として，相続税の課税価格の計算上控除する（相続税法13条・14条）。相続人が限定承認により取得した資産を清算のために譲渡した場合の譲渡所得の計算は，その相続人がその資産を相続開始時の時価により取得したものとみなされる（所得税法60条2項）ため，ほとんどの場合，時価と取得費は同額となり，相続人に譲渡益が生ずることはないといえる。限定承認に係る所得税の規定は，**限定承認をした相続人の税負担の軽減**を旨とするものである。」

　税理士の解説は以上です。これでよくお分かりいただけたと思います。

⑷　相続財産法人（民法951条）と課税関係

　たとえば相続人全員が相続放棄をしたために**相続人が不存在**となった場合，**相続財産は法人（相続財産法人）とされ**，家庭裁判所が，利害関係人等の請求によって**相続財産の管理人（相続財産管理人）を選任**します（民法951条・952条）。相続財産管理人によって，**相続財産から相続債権者及び受遺者に対する弁済**が行われ（民法957条），さらに**特別縁故者に対する相続財産の分与**（民法958条の３）が行われます。これらの規定により**処分されなかった相続財産は国庫に帰属**します（民法959）。相続債務を弁済するために，**相続財産法人による土地の売却があった場合，譲渡益に対する課税はどうなるでしょうか。**

①　法人税について

　相続財産法人は，法人税法上の**普通法人**に該当すると考えられています。**普通法人は，法人税法上の法人の１つで，法人税法第２条１項９号に規定**されています。土地の売却は相続財産管理人が相続財産法人を代理して行うものですから，譲渡による所得は相続財産法人に帰属します。相続財産法人は清算のために法技術上**擬制された法人**であるため，相続財産の精算の目的を達成し，残余財産が国庫に帰属すればそのまま消滅します。法人税を納付しないまま消滅しても，その法人税を相続財産管理人あるいは特別縁故者に対して追及できる税法上の規定も存在しません。**法人税法上，相続財産法人に対する課税を予定していない**のでしょう。

　それでは，**なぜ課税を予定していないのでしょうか。**相続財産は国庫に帰属するため，残余の相続財産の一部を割いて法人税を国庫に納税することにしますと，国庫は法人税とその余の残余財産の受入を二度に分

けて行うことになります。そのような迂遠かつ二度手間を敢えてとる必要がないと，立法者が考えたものと推測されます。

② 所得税について

　土地の譲渡による所得は相続財産法人に帰属しますので，相続財産管理人が個人としてその利益に課される所得税を負担する理由もなく規定もないことから，**相続財産管理人への所得税課税はありません。**

　ただし，**相続財産法人**については，被相続人の生前に生じた債務で，相続開始時に現に存する債務に関して，相続財産から弁済することになります。その債務には年の中途で死亡した被相続人の所得税や消費税の準確定申告に係る国税債務も含まれます（国税通則法第5条）。この場合の準確定申告書の提出義務者は，**相続財産管理人**であり，申告書の提出期限は，相続財産管理人の選任があった日の翌日から4ヶ月以内です。**相続人不存在の場合の被相続人に係る納税義務は，租税債務の弁済の趣旨で相続財産管理人が履行することになります。**

　なお，残余財産が国庫に帰属するまでの間に固定資産税の賦課期日（1月1日）が到来した場合，その固定資産税の納税義務は相続財産法人が負担することになります。

　最後に，③**相続税**について検討しましょう。相続税の納税義務者は，相続又は遺贈により財産を取得した個人又は個人とみなされる法人（相続税法1条の3，66条1項・4項）ですが，「**相続財産法人**」は擬製された法人であって個人とみなされる法人に該当しないため，**相続税の納税義務者になることはありません。**

(5) 個人・法人間の低額・高額の売買

　民法では，売買契約（555条）について**契約自由の原則**がありますので，

取引価額も原則として自由ですが，**税法では**，売買した金額と時価が異なる場合の課税関係は複雑です。**個人間の取引の場合**は，通常の価額であれば売主側に所得税がかかるだけですが，個人から個人への著しい**低額譲渡**の場合は，買主側に「みなし贈与」の問題が生じる可能性があります（相続税法7条）。**個人・法人間の低額・高額の売買**では，以下のように課税関係が複雑となります。

① **個人が法人に著しく低額**（対価が時価の2分の1未満：所得税法施行令169条）**で売却した場合**は，通常の取引価額（税務上の適正な時価）で譲渡したとみなされ，**所得税**が課せられます（所得税法59条1項）。買った側の法人は，時価で譲り受けたことになり，時価と取引価額との差額が贈与されたものとされ，受贈益として益金計上して，**法人税**が課されます（法人税法22条2項）。

② **個人が法人に高額で売却した場合**，時価部分は個人の譲渡所得とされ，それを超過する金額の部分は法人からの**贈与**として，法人との関係に則して一時所得，雑所得，役員賞与，退職金等の給与所得として所得税が課されることになるでしょう。買った側の法人は，時価で資産を取得すべきですから，時価を超過した部分は資産の取得費とはならず，その個人との関係に即して寄附金，役員賞与，退職金等として損金算入し，一部については損金算入に制限があります。

③ **法人が個人に低額で売却した場合**，時価と取引価額との差額については，受贈者である個人へ寄附したものと処理され（法人税法37条8項），その個人との関係に即して寄附金，役員賞与，退職金等として損金算入し，一部については損金算入に制限があります。個人は，時価と対価との差額について，法人との関係に則して一時所得，雑所得，役員賞与，退職金等の給与所得として所得税が課され

ます。

④ **法人が個人に高額で売却した場合**，法人は売却益について益金と
して所得金額を計算します（法人税法22条2項）。買った側の個人は，
時価で資産を取得したものとして，譲受対価のうち時価を超過する
部分は法人への**贈与**とみることになるでしょう。

② 民事信託を活用した事業承継

(1) 遺言の限界

①遺言は形式不備による**無効**の危険があり，②遺言者の死後に遺言執
行者の懈怠や相続人によって遺言**内容が変更される**余地もあります。ま
た，③遺言では**第二相続以降の受遺者指定ができない**ため，遺言によっ
て相続人の子（生まれていない孫）に事業資産を承継させることができな
いのです。そして，④株式を均等に分けた上で**経営は特定の子に任せる**
ということも**遺言では実現が困難**であるなど遺言には多くの限界や難点
があります。そこで，**信託**の活用が考えられます。

(2) 信 託 制 度

信託とは，**契約・遺言等**により，特定の者が一定の目的に従い，財産
の管理・処分等のために必要な行為をすべきものとする制度のことです
（信託法2条1項）。したがって，当事者に十分な**判断能力**が必要で，**意
思能力**はもとより**行為能力**もあることが前提となりますので，信託制度
は親が**認知症**などを発症する前に，判断能力が十分ある段階で，活用す
るかどうか検討すべきでしょう。信託に際して財産を拠出（信託）する
Aを「**委託者**」，信託を受けて財産の管理・処分等を行うBを「**受託者**」，
信託による利益を受けるCを「**受益者**」といいます。**信託設定の当事者**

は委託者と受託者です。

　受託者Bは，信託に際して拠出される財産の財産権を取得し，B自身が元から有する「**固有財産**」とは別に，委託者Aが拠出した「**信託財産**」を所有することとなります。信託財産が不動産であれば，**信託を原因とした登記**を行います。利益を享受する受益者Cは受託者Bに対して，信託に供した「**信託財産**」の引き渡し等の債権（受益債権）を有し，この「受益債権」およびB等に一定の行為を求める権利をあわせて「**受益権**」といいます（信託法2条7項）。

　これを**親子で信託契約**をする単純な例で説明しますと，次のようになります。たとえば，父の所有する賃貸不動産の管理を息子に任せるため，家族内で信託契約をしたとしましょう。父は高齢ですが認知症も大丈夫だとします。父（委託者）と息子（受託者）との間で**信託契約**が成立すれば，不動産の**所有権は父から息子に移転**しますが，その移転は**信託目的**ですので，登記原因は「**信託**」となります。そして，信託財産から生じる利益（家賃）を享受するのは**受益者**ということになります。そこで，受益者を委託者である父にしておけば（自益信託），家賃収入で父は生計を維持できるわけです。

　「**自益信託**」は委託者＝受益者，「**他益信託**」は自益信託でない信託のことを指します。「**自己信託**」は委託者＝受託者，「**目的信託**」は**受益者が存在しない信託**を意味します。

　なお，**事業信託**は，信託法に定義された用語ではありません。**債務の信託**はできないため，財産と債務が一体の事業を信託することは不可能ですが，信託契約で委託者の債務を信託設定時から受託者に引受けさせるのは可能なのです。これによって，実質的に事業を信託したのと同様の状態を作出できると解されています。事業承継の場面での**事業信託の活用例**としては，一定期間，事業運営を受託者に委ね，信託期間満了後，

子（受益者）に事業を帰属させることで，未成熟な子が成長するのを待って事業承継を実現できるのを期待するといったような例があります。

(3) 信託により息子に事業承継する例

高齢の社長は，未熟な息子にやがて経営を任せたいが，いま自社株が高いため息子に株式を贈与すると課税上の心配がある。そこで株式の承継は相続時に行いたいが，高齢のため議決権行使ができなくなる危険もあり，当面は社長の義弟に経営を任せ，後にすべて息子に譲りたい。どうすればよいでしょうか。

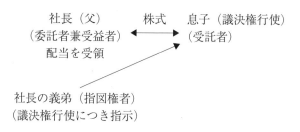

この事案の解決案としては，民事信託によることが提案できるでしょう。民事信託を活用すれば，自益権（配当等）と共益権（議決権）の分属が可能となります。たとえば，①社長が**委託者兼受益者**となって，株式を信託し，息子が株式の**受託者**となる信託契約をします。②未熟な息子の議決権行使につき指示をする**指図権者**として，期間を限定して社長の義弟を指名したとしましょう。その間の**配当**は受益者である社長が給付を受け，③社長の死亡で**信託が終了**し，その時点で成長した**息子が株主・経営者**となる。このような信託の設定が考えられます。なお，このように身内内で民事信託を活用する場合は，一般に**家族信託**とも称されますが，「家族信託」というのは，一般社団法人・家族信託普及協会の登録商標なのです。

(4)　信託と課税

　議決権制限種類株式の代わりに，信託で議決権を後継者に集中できます。すなわち，**受託者**（株主）に対し**議決権行使を指図する権利**を後継者（受益者）に付与します。この議決権行使の「**指図権**」は取引対象でないことから**遺留分算定基礎財産から除外**されるということになります。委託者の意思を**信託目的**とし，受託者に執行を任せることで，**第三者の介入を防止**できるのです。信託財産は受託者に移転され管理される結果，確実に執行することが期待できます。第二相続以降の受遺者指定も「**後（跡）継ぎ遺贈型受益者連続信託**」により可能となり，**受託者が管理処分できない資産や身分行為等については，遺言で対応**すればよいわけです。

　信託と課税について，家族内の信託での**贈与税課税対象者は「受益者」**です。受益者は法的には所有者ではありませんが，経済価値が移転（他益信託の場合）します。そして，委託者＝受益者（自益信託の場合）では贈与税の課税はないわけですが，**法人課税信託では受託者に課税**されることになります。なお，**信託財産が不動産の場合**は，所有権移転登記とともに**信託財産であることの登記**が必要です。このような登記を要するのは，信託財産が受託者の固有財産ではなくなりますので（倒産隔離），**信託財産であることを明らかにすることで受託者の債権者を保護**するためです。

(5)　一般社団法人を通じた信託の活用例

① **受託者は法人**（とくに**一般社団法人**）にしておくのがよいでしょう。その理由は，**受託者が自然人の場合の問題点**として，受託者が死亡するとその任務遂行ができなくなるため，新しい受託者を選任する

ことになりますが，その個人的信頼性に不安があるでしょう。これに対して，受託者が法人であれば，法人の代表者が死亡しても**親族内で代表者の交代**を行えばよく，受託者の選任手続きは不要となります。そして，財産を預かる法人の役員が複数存在すれば，不正や着服の防止に役立ち，複数人による牽制機能に期待することができるでしょう。

②　**一般社団法人は持分のない法人**で，その出資者オーナーが存在しません。一般社団法人には持分がないため，**法人の財産に「相続税」の課税はない**のですが，個人財産を一般社団法人に移転する際には，**個人に譲渡所得税**が，**一般社団法人に法人税（受贈益）**が課されることになります。

③　株式の分散で経営権が曖昧となった場合，一般社団法人を受託者として株式を信託します。信託財産を株式とする**受益権**（経済的価値だけの受益権）と議決権行使の**指図権**に分離し，**経営承継者に後**者の指図権を付与するわけです。それによって，各人に相続が発生しても株主は一般社団法人のみということになります。

④　後継者が若年で株式を生前贈与したいが経営権付与は時期尚早の場合には，一般社団法人を受託者として**自社株式を信託**し，経済的価値である**受益権だけ後継者に贈与**する。**議決権指図権は贈与者が保持**し，将来的に指図権を移転（評価額ゼロで課税なし）するというわけです。

(6)　自社株承継スキームによる事業承継

たとえば，「非上場中小企業であるX株式会社の株式（議決権株式2万株発行）の100％株主で同社の代表取締役であるAが，事業を長男Bに承継させる場合について検討しましょう。Aの法定相続人にはB以外に

子C・D・Eがおり，Aの財産はX社株だけで，A死亡時の価額は2億円（1株1万円）とします。」

①　Aが何ら対策を講じないまま死亡した場合（法定相続）

B・C・D・EはX社株を各4分の1の持分で準共有（民法898条以下，同264条）することになります。**Bが単独でX社を経営するためには**，①持分過半数の同意によってBが準共有株式の権利行使者（会社法106条）とされるか，②遺産分割（民法907条）によって，BがX社株の3分の2以上を取得しない限り，円滑な事業承継はできないでしょう。仮にX社株100％を相続できたとしても，Bは高額の**相続税**を納める必要があり（相続税法11条以下），これに対処するには，一定の要件を満たすことで「**非上場株式等の相続税納税猶予制度**」を活用することができるかもしれません。

②　遺贈による場合

AがX社株の100％をBに遺贈（民法964条）することで，法定相続を避けることもできます。しかし，**遺留分**（民法1042条）の問題があり，①C・D・Eは各8分の1の権利を有しています。もし，**遺留分侵害額請求**（民法1046条1項）をしてきた場合は，②Bが価額弁償をしないと，C・D・EはX社株を各8分の1の持分で準共有することになります。そこで，③遺産分割によった場合，C・D・Eは各2500株（2万株の8分の1の割合）取得し，Bの持分比率が3分の2を満たさない結果となるわけです。これに備えて，④**遺留分の事前放棄**（民法1049条1項）の制度がありますが，家庭裁判所の許可が条件となっており，また話し合いがつかない場合があるため，利用しがたいという実態があるようです。

③ 生前贈与による場合

遺言の難点を克服するため，AがBにX社株を**生前贈与**（民法549条）することもできます。しかし，生前贈与時の株価がBの経営努力の結果，Aの死亡時に大幅に増加した場合に問題となることに留意しておくべきです。たとえば，**生前贈与時に1000万円であった株価が死亡時に2億円**となったとしましょう。**遺留分算定の基礎財産は相続開始時の価値2億円を基準に算定**（民法1043条1項，最判昭和51・3・18民集30巻2号111頁）されますので，C・D・Eは，各2億円の8分の1を有する計算となります。これに対処するため，**円滑化法**があるのですが，それが適用されるには**推定相続人全員の合意が条件**となっており，この活用は事実上困難といわざるを得ません。

④ 種類株式を活用するスキーム

Aが生前にX社の定款を変更して，普通株式のほかに**完全無議決権株式**（会社法108条1項3号）を発行し，Bに普通株式，C・D・Eに完全無議決権株式を遺贈もしくは生前贈与する方法もありうるでしょう。以上，信託を活用しないスキームをみてきましたが，信託を活用する方法もあるのです。すでに説明した基礎的な内容と重なる部分もありますが，重要ですので，以下に詳説します。

⑤ 信託によるスキーム

・遺言代用信託

Aが生前に**委託者**となり，X社株式を信託財産として**受託者**との間で信託契約をして，Aが当初の**受益者**となり，A死亡時にBが**受益権**を取得すると定めます（信託法90条1項）。遺言と比べて経営上の空白が生じないし，遺言の効力をめぐるトラブルも心配ありません。ただし，この

ままでは，Ｃ・Ｄ・Ｅが**遺留分侵害額請求権を行使する心配**があるのです。

　それに対処するには，**受益権を分割して**，議決権等の行使について受託者に指図できる**指図権を当初はＡが行使し**，Ａ死亡後はＢのみが行使することにして，**指図権以外の受益権**については，Ｃ・Ｄ・Ｅにも各８分の１以上取得させることで，議決権等の指図権をＢに集中させることができます。ただし，ＢはＡ死亡時に相続税を納めなければならないでしょう。

　・後継ぎ遺贈型受益者連続信託

　Ａが子Ｂの次の後継者を定めたい場合に，遺贈では実現できないため，信託によって実現することにします。ＡがＸ社株を信託財産として信託を設定し，最初の**受益者をＢとし，Ｂ死亡によりＢの受益権が消滅し，次の後継者が新たに受益権を取得する旨を定める**こともできるのです（信託法91条）。さらに，Ｃ・Ｄ・Ｅの**遺留分**に配慮し，受益権を分割して，指図権以外の受益権をＣ・Ｄ・Ｅにも与えて，指図権をすべてＢに，Ｂ死亡後はＢの後継者に取得させるというスキームもあります。そして，Ｃ・Ｄ・Ｅの死亡後には，Ｂの後継者が完全な受益権を取得するということになるわけです。

③　成年後見制度（親の財産管理）

(1)　成年後見制度

　成年後見制度は，1999（平成11）年に，これに関係する４つの法律が成立し，翌年４月１日に施行されました。この時期に，従来の**民法の制度も大きく変更**され，「**無能力者」という用語も廃止**され大幅に一新されました。これまでの**行為能力の制限から法律行為の支援制度に脱皮**し

たということもできます。成年後見制度は，**自己決定の尊重**という精神で成り立っています。

　成年後見制度とは，認知症，知的障害，精神障害などによって**判断能力が十分ではない人を保護するための制度**です。成年後見制度には，次のように2種類あります。①判断能力が不十分になる前でしたら，**任意後見制度**を活用します。これは，判断能力があるうちに，本人が予め**任意後見人**を選んでおいて，代わりにしてもらいたいことを**任意後見契約**で決めておくという制度（「**任意後見契約に関する法律**」）で，将来の判断能力の低下に備えるものです。そして，本人の判断能力が不十分になった後に，家庭裁判所に対し，**任意後見監督人の選任の申立て**をすることになります。②認知症などが進んで判断能力が不十分になってからでしたら，**法定後見制度**が用意されています。家庭裁判所に後見開始の申立てをすれば家庭裁判所によって，**成年後見人**等が選ばれます（民法7条以下）。判断能力の程度に応じて，**法定後見制度**には，軽度から重度の順で「**補助**」（民法15条）「**保佐**」（民法11条）「**後見**」（民法7条）の3種類があります。それでは，任意後見制度から順に説明します。

(2)　任意後見制度

　判断能力が不十分になる前に，自分で選んだ**任意後見人**と**任意後見契約**をしますが，それを**公正証書**にしますので（任意後見契約に関する法律3条），最初の手続きについては**公証役場**が窓口となり，そして公証人からの嘱託により全国一律に東京法務局の後見登録課で登記もします。やがて軽い**認知症の症状**が現れた段階で，**家庭裁判所**に申し立てて，裁判所の職権で**任意後見監督人**が選任され，任意後見監督人が任意後見人の仕事ぶりをチェックします。したがって，**任意後見契約の効力発生には，任意後見監督人の選任が必要**となります。この制度は，最初は裁判

所の関与がないのですが，判断能力に不安を感じた段階になれば，結局，裁判所が関与する制度なのです。(3)以下では，**法定後見制度**をみることにします。

(3)　法定後見制度

「後見」とは，認知症，知的障害，精神障害などによって，**判断能力が全くない（判断する能力が欠けている）のが通常の状態**である人について，申立てによって，**家庭裁判所が「後見開始の審判」**をして，本人を援助する人として**成年後見人**を選任する制度です。成年後見人は，後見開始の審判を受けた**本人に代わって**契約を結んだり，本人の契約を取り消したりすることができます。このように幅広い権限を持つため，後見人は，本人の財産全体をきちんと管理して，本人が日常生活に困らないように十分に配慮していかなければなりません。

「保佐」とは，認知症，知的障害，精神障害などによって，一人で**判断する能力が著しく不十分**な人について，申立てによって，家庭裁判所が「保佐開始の審判」をして，**本人を援助**する人として**保佐人**を選任する制度です。**保佐人**は，保佐開始の審判を受けた本人が一定の重要な行為をしようとすることに同意したり，本人が保佐人の同意を得ないで既にしてしまった行為を取り消したりすることを通じて，本人が日常生活に困らないよう配慮します。なお，保佐人は，予め本人が望んだ一定のことがらについて，代理権を与えるとの家庭裁判所の審判によって，本人に代わって契約を結んだりする権限を持つこともできます。

「補助」とは，認知症，知的障害，精神障害などによって，一人で判断する能力が不十分な方について，申立てによって，家庭裁判所が「補助開始の審判」をして，**本人を援助**する人として補助人を選任する制度です。**補助人**は，補助開始の審判を受けた本人が望む一定のことがらに

ついて，**同意**したり，**取り消し**たり，**代理**することを通じて，本人が日常生活に困らないように配慮します。そのため，補助の制度を利用する場合，その申立てとあわせて予め，同意したり代理したりできることがらの範囲を定めるための申立てをする必要があります。なお，契約は，家庭裁判所が「任意後見監督人選任の審判」をしたときから，その効力が生じます。

(4) 成年後見人等には候補者が選任されるのか

家庭裁判所では，**申立書に記載された成年後見人等（補助人，保佐人，成年後見人）候補者**が適任かどうかを審理し，その結果，**候補者が選任されない場合**があります。被後見人が必要とする支援の内容などによっては，候補者以外の弁護士，司法書士，社会福祉士等の専門職や法律または福祉に関する法人などを成年後見人に選任することがあります。なお，次の人は成年後見人等になることができません。①未成年者，②成年後見人等を解任された人，③破産者で復権していない人，本人に対して訴訟をしたことがある人，その配偶者および直系血族，そして，④行方不明である人です（民法847条・876条の2・876条の7）。

(5) 法定後見制度の利用による制限の有無

この制度の利用で何か制限されることはあるでしょうか。この点については，制限されない方向で改正されました。これまでは各種の法律で，**後見制度**または**保佐制度**を利用することで，一定の資格や職業を失ったり，営業許可等が取得できなくなったりするなどの**権利制限**に関する規定が定められていました。しかし，2019（令和元）年6月7日に成立した「成年被後見人等の権利の制限に係る措置の適正化等を図るための関係法律の整備に関する法律」（以下「整備法」という）等により，上記の

権利制限に関する規定が削除されました。今後は，各資格・職種・営業許可等に必要な能力の有無を個別的・実質的に審査し，判断されることになります。なお，整備法は，すでに施行されています。

(6)　法定後見制度を利用するには

　まず，後見開始，保佐開始，補助開始の審判を家庭裁判所に申し立てる必要があります。その後の手続の流れは，一般的には，以下のとおりです。申立て後，裁判所の職員が，申立人，後見人候補者，本人から事情を確認したり，本人の親族に後見人候補者についての意見を照会することがあります。また，必要に応じて，裁判官が事情を尋ねること（審問）もあります。本人の判断能力について，鑑定を行うことがあります。鑑定とは，本人に判断能力がどの程度あるかを医学的に判定するための手続です。申立時に提出される診断書とは別に，家庭裁判所が医師に鑑定を依頼して行われます。後見開始および保佐開始の審判では，原則として鑑定手続が必要で，鑑定には，申立てとは別に費用がかかります。そして，後見開始の審判がされたら，家庭裁判所からの嘱託により東京法務局の後見登録課で登記されます。

　この成年後見登記制度は，法定後見制度にあっては成年後見人等の権限の登記情報を開示し，そして任意後見制度にあっては任意後見契約の内容の登記情報を開示する制度です。

④　預金の取扱い―大法廷決定の紹介（判例変更）

　遺産分割における預金の取扱いについて，預貯金を他の財産と合わせて遺産分割の対象にできるかどうかが争われた審判の許可抗告審で，最高裁第一小法廷は平成28年3月23日に審理を大法廷に回付し，同年12月

19日，大法廷（平成27（許）11）は「預貯金も遺産分割の対象」になると決定しました（最大決平成28年12月19日民集70巻8号2121頁）。これは想定の範囲だといえます（山下眞弘『会社事業承継の実務と理論—会社法・相続法・租税法・労働法・信託法の交錯』（法律文化社，2017年）120頁）。

なお，判例では，遺産中の「現金」は遺産分割の対象とされます（最判平成4年4月10日判時1421号77頁）。現金は，「金銭債権」と異なって債務者である第三者が登場しないので，共同相続人間の利害調整の問題として考えればよく，不動産などを対象とした遺産分割の結果生じた不均衡の調整として現金を活用することができるとされてきました。そうであれば，預貯金も現金と同様の役割を果たしうるわけです。そこで，預貯金も遺産分割の対象になるという方向へ判例が変更されたわけです。

(1) 本件事案の概要と判旨

本件は共同相続人間における遺産の分割申立て事件です。被相続人Aには共同相続人XとYがいます。Aは本件不動産のほかに，本件預貯金を有していましたが，X・Y間では本件預貯金を遺産分割の対象に含める合意はされていません。YはAから約5500万円の生前贈与を受けており，これは「特別受益」にあたりますが，大阪高裁（原審）は，本件預貯金は，相続開始と同時に当然に相続人が相続分に応じて分割取得し，相続人全員の合意がない限り遺産分割の対象とならないとしました。

この判断に対して，以下の理由で大法廷は原審（大阪高裁平成27（ラ）75）を破棄，差し戻しをしました。その要旨は，①共同相続人は，相続分に応じた共有関係の解消手続を経ることになるが（民法896条，898条，899条），共有関係を協議によらずに解消するには遺産分割審判（同法906条，907条2項）によるべきである。②そこにおいて基準となる相続分は，「特別受益」等を考慮して定められる「具体的相続分」であり（同法

104

903条〜904条の2），共同相続人間の実質的公平を図る趣旨から，被相続人の財産を可能な限り幅広く「遺産分割の対象」とするのが望ましく，現金のように，具体的な遺産分割の方法を定めるにあたっての調整に資する財産を遺産分割の対象とする実務上の要請もある。この要請からすれば，預貯金も現金に近いものといえるため，当事者の同意を得て預貯金債権を遺産分割の対象とするという運用が実務上広く行われてきた。

　③そこで各種預貯金債権の内容性質をみると，共同相続された普通預金債権，通常貯金債権および定期貯金債権は，相続人全員の合意の有無に関わらず，いずれも相続開始と同時に当然に相続分に応じて分割されることはなく，「遺産分割の対象」となるものと解される。すなわち，普通預金債権および通常貯金債権は，いずれも1個の債権として同一性を保持しながら常に残高が変動しうるものであり，この理は預金者が死亡しても異なることなく，共同相続人全員で預貯金契約を解約しない限り，各共同相続人に確定額の債権として分割されることはないと解され，預金者の死亡により預貯金債権は共同相続人全員に帰属することになる。また，定期貯金は貯金の管理を容易にするなどの趣旨から分割払戻しを制限しており，定期貯金債権が相続により分割されると解すると，定期貯金に係る事務の定型化，簡素化を図る趣旨に反することとなる。

(2)　判例変更前〔当然分割の当時〕の家裁実務の問題点（変更理由）

　たとえば，相続人が子XとYの2人で，遺産が建物500万円，預貯金4000万円でしたが，被相続人が，生前Yに土地4000万円を贈与していたとしましょう（相続開始時の価値5500万円）。

　この事例では，みなし相続財産は500万円＋4000万円＋5500万円＝1億円となります。そこで，Xの具体的相続分は1億円×1／2＝5000万

円，Ｙの具体的相続分は１億円×１／２－5500万円＝－500万円となり，Ｙは超過受益者ですが，民法903条２項により超過分の返還は不要となり，相続分はゼロです。Ｘの具体的相続分は5000万円のところ，遺産総額4500万円のためその全額を相続することになるはずです。

ところが，**家裁実務**では「**可分債権である預貯金は当然分割**し，相続人全員の同意がない限り，預貯金を遺産分割の対象とすることはできない」としてきたため，Ｙが「遺産分割の対象」とすることに合意しない限り，預金は「法定相続分」で分割承継され，Ｙの具体的相続分はゼロにもかかわらず，4000×１／２＝2000万円をＹが取得するということになってしまいます。その結果，Ｘは預金2000万円＋建物500万円＝2500万円の取得しかできないこととなり，このような不当な結果は，これまでの判例法理にもとづくため「**法律上の原因**」があり，Ｙに対し民法703条の「**不当利得返還請求**」もできず，Ｙは特別受益贈与5500万円＋預金2000万円＝7500万円も取得することになるという結果になります。

ところで，Ｘの「**遺留分**」は１億円×１／４＝2500万円であり，Ｘの遺留分侵害もないため，Ｘは2500万円だけの取得に終わることになりますが，これは**不公平**ではないかというわけで，「預金債権も遺産分割の対象」とし，分割前の一方的な払戻しを制限する法理が必要と主張されていたわけです（上記事例については，二宮周平「預金債権の遺産分割対象性と払戻の制限」立命館法学363・364号2015年第５・６号下巻547頁参照）。

(3) 大法廷決定までの判例の変遷

① 不法行為による損害賠償請求権は当然分割

最判昭和29年４月８日民集８巻４号819頁は，預金事案ではなく不法行為の事案でしたが，本判決は，相続人が数人ある場合に，その相続財産中に「**金銭（債権）その他の可分債権**」があるときは，その債権は法

律上「**当然分割**」され各共同相続人がその相続分に応じて権利を承継するものと解する旨，判示しました。本件は相続預金に関するものではなかったため，当然分割されても不都合がない事案でした。

②　相続貯金についても当然分割と判示

相続貯金に関する最判平成16年4月20日判時1859号61頁は，共同相続財産中に可分債権（**貯金**）があるときは，その債権は相続開始と同時に当然に共同相続人間で相続分に応じて分割され，**共有関係に立つものではない**としました。なお，貯金に関するこの平成16年判決は大法廷決定で変更されました。

③　定額貯金は遺産分割の対象（例外）

定額郵便貯金債権について，最判平成22年10月8日民集64巻7号1719頁は，その預金者が死亡しても相続開始と同時に当然に相続分に応じて分割されることはないとして，その最終的な帰属は「**遺産分割**」の手続で決するべきである旨判示しました。本判決は，可分債権の共同相続に係る従来の判例の立場を踏まえたうえで，そのような規律が定額郵便貯金債権には妥当しないことを明らかにしている点に注目しましょう。

④　国債と投資信託受益権も遺産分割の対象

国債と投資信託受益権について，最判平成26年2月25日民集68巻2号73頁は，**いずれも「準共有」**としました。**国債**は，法令上，一定額をもって権利の単位が定められ1単位未満での権利行使が予定されていないものであり，その内容と性質に照らせば，共同相続された個人向け国債は，相続開始と同時に当然に相続分に応じて分割されることはないと判示しました。また，**投資信託受益権**については，口数を単位とし，そ

の内容として，法令上，金銭支払請求権のほか委託者に対する監督的機能を有する権利が規定されており，可分給付を目的とする権利でないものが含まれているので，当然に分割されることはないと判示されました。

【投資信託】

①投資委託会社が「**委託者**」となり，信託銀行を「**受託者**」として信託を作り，②その**受益権**を単位化して投資家に販売し，③投資家が支払った受益権の購入代金が，**信託財産**として信託銀行に集められ運用され，④その結果生じた利益が「**受益者**」である投資家に分配されるという仕組みです。その運用にリスクが伴うため，法律で受益者に一定の監督的権能を与え，信託の受益権は，「**金銭支払請求権と監督的権能**」の双方を含んでいるとされます（信託法2条7項参照）。

⑤　投信受益権が「金銭債権化」しても遺産分割の対象

最判平成26年12月12日金融・商事判例1463号34頁は，上記④の判決を維持した上で，投資信託受益権から発生した元本償還金や収益分配金が預り金として口座に入金され，「**金銭債権**」となった後でも，**投信受益権**が遺産分割の対象であったので，後に債権化しても当然分割とはならない旨を明らかにしています（山下眞弘「本件評釈」金融・商事判例1477号2頁）。最初に遺産分割の対象であったものは，金銭債権に変化しても遺産分割の対象のままであるということです。

(4)　大法廷決定の実務への影響

①　遺産分割前の相続預貯金払戻が困難に

これまでは相続預金（当然分割）があれば，**法定相続分**に応じて払戻しを請求できたため，銀行が応じなければ，払戻訴訟を提起することができましたが，今後はこのような手段が使えなくなります。そのため，

たとえば，被相続人が負っていた「債務の弁済」を共同相続人がする必要のある場合とか，被相続人に扶養されていた共同相続人の「当面の生活費」を支出する必要があるなどの事情により，相続預貯金を遺産分割前に払い戻す必要があるにもかかわらず，共同相続人全員の同意が得られない場合に，不都合が生じるのではないかという指摘があります。ただし，生活資金や葬儀費用などについては特例として，従来のとおり，金融機関による「**便宜取扱い**」も期待できるでしょう。

②　遺産が預貯金だけでも分割調停・審判が可能に

　これまでは遺産が預貯金だけであると遺産分割の対象がないものとして扱われ，遺産分割調停・審判を行うことができなかったわけですが，判例変更によりこれが可能となりました。そこで，遺産分割協議が成立しない場合に，審判が終わらないと現金化に時間を要し，これまで以上に生前における備えが重要になります。それには，**遺言書**の作成が必要となりますが，「**遺言代用信託**」の設定さらには**生命保険**の活用など，これまで以上に事前準備が必要となるでしょう。なお，大法廷決定の翌年にも同様の最判平成29年4月6日金融・商事判例1516号14頁，金融法務事情2064号6頁が現れました。

(5)　ハイレベル超難問

　判例変更によって，**相続預貯金をめぐる共同相続人間の問題は解決**できましたが，**第三者との関係で，新たに以下のような課題も浮上**してきました。相続人と第三者との利害調整を検討する際には，いずれの利益を優先すべきであるかという価値判断が問題となりますが，相続がいわば棚からボタ餅ともいいうる**相続人よりも，第三者の立場を保護**する価値判断が妥当性を有するといえそうです。そこで，未解決の検討すべき

項目を３つ挙げておきます。

　第１に，共同相続人の一部への預貯金払戻しに応じた金融機関の保護をどうするかです。これについては，遺産の分割によって「第三者の権利を害するとはできない」と定める民法909条ただし書の適用で解決するという見解もあります。結論としては，金融機関の保護は図られるべきでしょう。共同相続人自身の法定相続分であっても金融機関に対し払戻しは請求できないのが，判例変更後の最高裁の立場なのです（最判平成29年４月６日判時2337号34頁）。そこで，金融機関側から払戻しに応じた場合の効果ですが，法定相続分相当の払戻しをした時点で，同額の預金債権が確定的に消滅するかについて，2019年にスタートした預貯金の「仮払い制度」によれば，例外的に債務が消滅するという効果が認められ，金融機関が免責されるものと理解できます。

　第２に，共同相続人の一部への預貯金払戻しがなされた場合，他の共同相続人はどのような対応ができるか。相続開始後に共同相続人の１人が相続財産中の預貯金を払い戻した場合，他の共同相続人は自己の準共有持分を侵害されたとして，払戻しを受けた共同相続人に対し不法行為責任もしくは不当利得返還請求を追求できるものといえます。

　第３に，相続人または被相続人の債権者による預貯金債権の相殺・差押え・取立てはできるか。共同相続された預貯金債権が準共有となることから，相続人の債権者は被相続人名義の預貯金債権に対する当該相続人の準共有持分の差押えはできるが，取立てはできないものとする見解もあります。これに対し，被相続人の債権者は差押債権額に係る共同相続人全員の準共有持分を差し押さえてこれを取り立てることができるものと解されています。また，預貯金債務を負担する金融機関は，被相続人に対する債権を預貯金債務と相殺でき，かつ相続人に対する債権を預貯金債務と相殺することもできるものと解されています。第三者保護の

観点からしますと，いずれも結論は妥当といえるでしょう。

　相殺の可否について，以下の事例をもとにして具体的に考えてみましょう。

　「被相続人Ａは，相続開始時に，Ｂ銀行に対して1000万円の預金債権を有していたが，Ｂから1200万円の借入れもしていた。その他のＡの遺産は時価600万円の不動産のみである。Ａの法定相続人はＣとＤの２人の子のみで，遺言はなかった。遺産分割協議の結果，Ｃが不動産と預金200万円，Ｄが預金800万円を取得した。」（本事例は，白石大・法律時報89巻11号20頁参照）

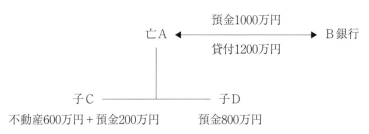

　判例変更後，**預貯金の当然分割が否定**されたことで，**遺産分割前の払戻しが認められない**ことに伴い，金融機関の**貸金債権と預金債務の相殺が可能か**どうかという新たな問題が生じたわけです。金融機関Ｂが①Ａの債権者（相続債権者）の場合と，Ｂが②Ｃ・Ｄの債権者（相続人債権者）である場合とを分けて検討する必要があります。

　①の場合については，Ａの弁済期が「相続開始前」に到来しておれば，**相殺適状**にある（相殺できる状態にある）ので民法506条２項（相殺の遡及効）により，金融機関は**対当額**（つりあう額）**につき相殺**できるため，Ｂは1000万円の限度で相殺することができます。これに対して，**相殺適状**に至るのが「遺産分割後」の場合は，可分債務が当然分割されることに判例変更はないから，設例では被相続人の貸金債務は共同相続人に均

等に600万円ずつ帰属することになるが，預金債権の当然分割が判例変更で否定されたため，設例の遺産分割協議の結果，各600万円の範囲で，BはCとの間で200万円，Dとの間では600万円の合計800万円しか相殺できないという結論になります。このように，相続開始前に相殺適状が生じた場合の1000万円に比べて金融機関Bの相殺可能額が減額されることも起こりうるわけです。そこで，可分債務の当然分割について再検討の余地もあることが理解されます。

　Bは預金債務1000万円と相殺できる地位にあったのに，相続開始によって相殺可能額が減少する場合がありうるのは問題ではないかという疑問が生じます。相続預金の判例変更にも関わらず，相続債権と相続債務の完全な相殺を認めるのが妥当だといえそうですが，逆に金融機関をそこまで保護する必要があるのかという批判もありそうです。

　②B銀行がC・Dの債権者（相続人債権者）である場合，Bによる相殺については，別途検討すべき点があります。相続預金は当然分割されないため，相続預金は遺産分割まで共同相続人に確定的に帰属しておらず暫定的な帰属に留まり，金融機関による相殺はその要件を欠くということになりそうです。そこで，遺産分割前の相殺は認められないとの見解があります。その理由として，この場合は債権・債務の対立がなく相殺への合理的期待があったともいえず，共同相続人の意思が尊重されるべきであるとされるわけです。

　しかし，①の場合と比較して，結果的に結論のバランスを欠くこととなり，これが合理的かどうかは慎重に検討を要するでしょう。相続の発生によって相続人債権者の保護が左右され，相続人が有利な地位をえるのは不公平ではないかという疑問が残ります。相続の発生にBが影響を受けないとする結論が妥当かもしれませんが，未だ解決には至っていない状況です。税理士実務に直接の影響があるかどうか分かりませんが，

このようなハイレベルな理論上の議論もスキルアップに役立つことでしょう。

⑤　再転相続と熟慮期間・相続放棄

再転相続とは，１回目の相続が発生して相続人が相続の承認または放棄のどちらを選択するかの「**熟慮期間中**」に，その相続人が死亡し，２回目の相続が発生することをいいます。たとえば，「祖父Aが３月１日に死亡し，その相続人である父Bが**相続を承認するか放棄するか熟慮している期間中**の４月１日に死亡したような場合」です。このような事例においては，父Bの息子である子C（祖父の孫）は，祖父Aと父B両方の相続分を承継することになります。

(1)　再転相続の熟慮期間

相続の放棄は，原則３ヶ月以内に行わなければならなりません（民法915条）。通常は，自己のために相続の開始があったことを「**知ったとき**」から３ヶ月ということになりますが，この再転相続のように，第１の相続，第２の相続と「熟慮期間」の間に相続が続いてしまう場合の熟慮期間ですが，このような場合は，冒頭の例では，**子Cが父Bの死亡を知ったときから起算**されることとなります。

父Bは４月１日に死亡していますが，子Cがこの死亡の事実を同日の４月１日に知った場合には，７月１日までの３ヶ月が熟慮期間ということになるわけです（民法916条）。別居などの理由で後日になって知った場合は，その日が起算点となります。**子Cが祖父Aの相続開始を父Bの死亡以前に知っていた場合**でも，祖父Aの相続分を承認するか放棄するかの熟慮期間は，上の例では７月１日までとなるわけです。つまり，再

転相続では，「相続人（父Ｂ）が相続の承認又は放棄をしないで死亡した場合には，その者（父Ｂ）の相続人（子Ｃ）が自己（子Ｃ）のために相続の開始があったことを知ったとき」が起算点となる（最判令和元年8月9日民集73巻3号293頁）というのが結論です。

(2)　再転相続の単純承認と相続放棄

　子Ｃは，祖父Ａと父Ｂ両方の相続分を承継しますが，それぞれの財産の相続を承認するか放棄するかは，**選択の仕方によって異なる**ことに注意しましょう。①祖父Ａと父Ｂ両方の財産を相続することはできます。②祖父Ａと父Ｂ両方の財産を放棄することもできます。そして，③祖父Ａの財産は放棄して父Ｂの財産を相続することもできます。しかし，④**祖父Ａの財産は相続するが父Ｂの財産を放棄することはできない**ことに留意する必要があります。

　つまり，④のように，たとえば**祖父Ａの財産は相続して，父Ｂの財産は借金のみで放棄**するという選択はできないわけです。これは，父Ｂは祖父Ａの財産を相続する権利をもっていた相続人であったため，**父Ｂの相続を放棄した場合には，祖父Ａの相続する権利も放棄**したということになるというわけです。したがって，父Ｂの財産を相続放棄した場合には，別途，祖父Ａの相続放棄の手続きをする必要もないということです。

(3)　再転相続と代襲相続

　代襲相続は，被相続人が死亡したときにすでにその相続人が亡くなっている場合の相続です。つまり，**祖父Ａが死亡したときに，すでに父Ｂが亡くなっている場合**には，その子Ｃが代襲して相続するというものです。祖父Ａの相続人である父Ｂが生きていれば，祖父Ａの財産をいずれ相続できたのに，相続開始のときには父Ｂがすでに死亡していたために，

後で相続により財産を承継し得たはずという**期待権を保護**するための制度なのです。**再転相続の場合**というのは，祖父Aが死亡したときに相続人である父Bはまだ生存していたという事例です。**祖父Aが死亡したときに父Bが生存しているか否か**で再転相続か代襲相続になるかが変わってくるというわけです。

　これに似たケースに「**数次相続**」があります。これは，第1相続の相続人が相続を「**承認**」した後，「**遺産分割**」をおこなう前に死亡して第**2相続が発生**したという場合です。祖父Aが死亡して相続人である父Bがその相続を承認したが，遺産分割をおこなう前に父Bが死亡して新たな相続が発生した場合です。この場合，第2相続の法定相続人Cは第1相続について，相続放棄はできないということになります。

⑥　半血兄弟姉妹と全血兄弟姉妹

(1)　兄弟姉妹間の相続分

　たとえば，父と前妻との間に子Aがいたところ，父が再婚して後の妻との間に子B・C・Dができたとします。父も後の妻も死去しており，祖父母もいないとします。そのような状況の中，**後の妻との間の子Dが死去**しましたが，Dには子がなく配偶者Eだけが残されたとしましょう。その場合に，A・B・Cという**兄弟姉妹間の相続分**はどのように計算されるのでしょうか。

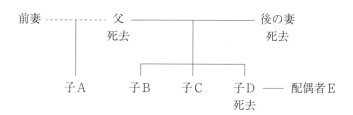

(2)　民法900条４号の趣旨

　これについて民法900条４号は，「兄弟姉妹が数人あるときは，各自の相続分は，相等しいものとする」としたうえで，「ただし，父母の一方のみを同じくする兄弟姉妹（筆者注：**半血兄弟姉妹**）の相続分は，父母の双方を同じくする兄弟姉妹（筆者注：**全血兄弟姉妹**）の相続分の２分の１とする」と規定されています（これが妥当なのかについては議論もありますが，ここでは触れないでおきます）。もちろん配偶者Ｅは４分の３を相続しますが，兄弟姉妹の相続分に関する民法900条４号を本ケースに当てはめますと，**Ａが半血でＢ・Ｃが全血**ですので，次のように配分されることになります。Ｅの相続分の残り４分の１を全血と半血で２対１に分ける結果，Ｂ・Ｃ各人は１／４×２／５＝２／20となりますが，Ａはその半分１／20となります。この計算は，あくまでも**兄弟姉妹間での相続分**の話ですから，**親の財産相続のケースには当てはまらないことに留意**しておくべきです。なお，かりに本ケースでＤが独身であれば，全血Ｂ・Ｃの相続分は２／５で，半血Ａは１／５となります。

(3)　兄弟姉妹の相続の在り方

　ところで，Ｂ・Ｃの立場に立ってさらに考えてみますと，Ａと生活を共にした経験もないのに，極端な場合は面識もないのに，Ａの相続分が割合的に半分とはいえ，**Ｄの遺産**について，**Ａになぜ相続分が認められるのか**という割り切れない感情もあるかもしれません。これを突き詰めますと，一般論として兄弟姉妹に相続権のあること自体が，果たして合理的なのかという議論に発展します。あるいは**遺留分が兄弟姉妹にはない**ということで，法は調整を図っているということかもしれません。兄弟姉妹に相続権があるため，兄弟姉妹の相続を巡って世間で揉めるのも

事実です。実際にあった事案ですが，子供のいない夫婦でしたが夫が死去したところ，その妻に対して，**夫の兄弟姉妹が相続権を主張するケースで争いに発展する例**がみられます。兄弟姉妹は遺産の形成に何ら寄与していないわけですから，**このような相続は棚ボタ**ということもできます。しかも，全財産を対象に財産ごとに相続分を主張できるという誤解も中にはあります。

7　共同相続による権利承継の対抗要件

(1)　法定相続分を超える部分の未登記持分

　夫は妻と子供の３人暮らしであったが，遺言を残して夫が死亡した（遺産は不動産のみ）。遺言では妻に７割，子供に３割と指定していた。妻は不動産名義を変えずにいたところ，遺言に反して子供が不動産名義を自己名義にして第三者に譲渡し，その移転登記も済ませた。妻は第三者から相続不動産を取り戻せるか。このような設例をもとに考えることにしましょう。

(2)　従前の判例（改正前）

① 「遺贈」による不動産の権利取得については，登記なしでは第三者に対抗できないとされていました（最判昭和39年３月６日民集18巻３号437頁）。

② 「遺言」による相続分指定の場合（本設例）は，登記なしでも第三者に対抗できました（最判平成５年７月19日判時1525号61頁）。

③ 「相続させる旨の遺言」（特定財産承継遺言）も，登記なしでも第三者に対抗できました（最判平成14年６月10日判時1791号59頁）。

ここで補足説明しますと，不動産の**対抗要件**（権利を主張するための要

件）は登記ですが，不動産売買での所有権移転では登記は義務ではありません。つまり，**登記がなくても権利は意思表示によって移転する**のです。これを第三者に主張するには登記が必要となるわけです。これを登記の**対抗要件**といいます。注意すべきは，登記がなくても意思表示で権利が移転するため，**真の権利者と登記名義人との間で不一致が生じる危険**があるという点です。その場合には買受人が登記を信じても保護されません。このことを指して，**登記には公信力がない**と説明されます。

　登記には第三者に対抗する力（**対抗力**）があるのに，登記を信じても保護されない（**公信力**がない）のです。この点は分かりにくいでしょうが，それはどうしてでしょうか。**不動産登記は真の権利者と登記の名義人とが一致しない場合がある**からなのです。問題は，**なぜ一致しないのか**。登記をするには登録免許税が高額なため，登記しなくても権利が移転するのであれば，登記をしないでおくという風潮があることに起因します。それでは**登記をする意味**がないのではという疑問が生じるでしょうが，登記をすれば第三者に権利を主張することができるという点に**登記の意味**があるのです。これを登記の**対抗力**ということができます。「対抗」とは，自己の権利を主張することです。なお，動産には登記制度がないので引き渡しが**対抗要件**（民法178条）となります。

(3)　従前の判例の問題点

　これまで遺言や遺産分割による場合は，登記など対抗要件を備えなくても第三者に対抗できるとされたため，①その内容を知ることのできない**第三者の取引の安全**が害される恐れがあり，②**実体と登記との不一致**が生じる場面が多くなり，登記制度の信頼が害されるという問題がありました。そこで，さしあたり登記制度全般はそのままにして，相続の場面について，次のように改正が行われました。

(4)　民法899条の２新設（2019（令和元）年７月１日施行）

同条１項で、「法定相続分を超える部分」については、対抗要件（登記等）を要求すると変更されました。２項で、相続で承継した権利が「債権」の場合、法定相続分を超えて債権を承継した相続人が、その内容を明らかにして債務者に通知することで、**共同相続人全員が通知した**ものとみなして、**債務者に対抗**できるとしました。民法177条（対抗するには登記が必要）を適用して、**登記の先後で優劣を決定**します。本設例のケースでは、妻は法定相続分の範囲（５割）については、登記なしに第三者に対抗できるため、５割の持分を取り戻すことができます。注意すべきは、**法定相続分を超える部分の持分は未登記のため取り戻せない**という結論になります。遺言があっても油断せず、すぐ登記すべきです。

⑧　労使紛争の防止

(1)　高齢者雇用問題―労使紛争を防止するには

定年前に労働条件を引き下げますと、**不利益変更**が問題となるリスクがあります。**高年齢者雇用安定法**（正式名称「高年齢者等の雇用の安定等に関する法律」、「高年法」とも略称）における雇用主の裁量は幅広く認められており、判例でも企業が労働者にどのような処遇をするかは「**経営判断**」に委ねられているとされます。**定年後再雇用者の労働条件**については、**長沢運輸事件**が有名です（最判平成30年６月１日民集72巻２号202頁）。本件は、定年後に正社員と同じ業務に就いていた再雇用者が、定年前より年収が切り下げられたのは不合理だと主張した事案ですが、判決はすべてが不合理とはいえないとしました（山下眞弘『弁護士として知っておきたい中小企業法務の現在』（第一法規、2021年）114頁）。

定年制度がある限り，定年後再雇用者については，異論もありますが，一定の条件引き下げもやむをえないでしょう。ただし，企業の裁量とはいえ，**九州惣菜事件**（福岡高判平成29年9月7日労働判例1167号49頁）のように，仕事量を大幅に減らした結果，退職後の賃金が**従前の25%**という極端な給与引き下げは，争われるリスクを伴います。労働条件は提示する**職務内容**も重要となります。これも企業の裁量に委ねられますが，**トヨタ自動車事件**（名古屋高判平成28年9月28日労働判例1146号22頁）では，**事務職から清掃業務への変更**が問題とされました。しかも，会社から提示された職務が**従前働いていた職場での清掃業務**ということもあり，企業側にも事情があるとはいえ，労働者にとって耐えがたい業務と認定されました（山下眞弘・ビジネス法務2019年9月号98頁（中央経済社），同・金融・商事判例1576号2頁（2019年10月15日号））。

(2) 労使紛争は予期せぬところから

① **高齢者の再雇用**については，高年法があり，**60歳定年は最下限**で，定年後の**継続雇用**（2021年4月1日より70歳）についても定められています。ただし，**継続雇用は絶対的ではなく，企業に合理的な理由があれば継続しない場合もあり**，また継続雇用の期間も業態・業種によって様々です。たとえば，運転手などの業務は，あまりにも高齢になれば危険が伴うでしょうし，個人差もあります。

② **企業内労働組合**がなくても労働者には誠実であることが求められます。雇用側の対応が**不当労働行為**（労働組合法7条）に抵触する疑いがあれば，外部の労働団体に駆け込まれ紛争に発展する場合もあります。たとえば，「会社解散は原則自由」ですが，解散は必然的に**解雇**という結果を招きます。解散自体は認められても解雇は全く自由というわけではなく，**解雇権濫用**で混乱するのを避けるため

には，**雇用側の説明と労働側の納得**が前提となることに留意しておきましょう。とにかく説明は丁寧にするのが結局はスムーズな解散手続きを進める上でも相互に得策といえます。労使間で揉めますと**清算結了登記**まで長期間を要するという不幸な結果となります。

③　労働問題は**民法の雇用に関する規定**（民法627条では期間の定めがなければ原則いつでも解約できる）のほか，**労働法**の分野（「労働法」という名称の法律はありません）で労働者が厚く保護されていますので，労働者保護を目的とした諸法の定めに留意すべきです。基本的に**民法は対等の当事者**として規制しており，労使の力関係を十分に考慮していないため，労働法がパワーバランスを調整するわけです。そこで，労働契約法16条で**合理性**を要求，労働基準法20条では**30日前の解雇予告**が要求され，さらに労働組合法，労働関係調整法など労働者保護を目的とした多数の特別法（これらを総称して「労働法」といいます）があるわけです。

⑨　事業承継と労働者の処遇

(1)　会社分割と労働契約の承継

会社分割の定義について，会社法では，「事業に関して有する**権利義務の全部または一部**」と規定しています（会社法2条29号・30号）。この「権利義務」の意義については，会社法の規定ぶりからしますと「単なる権利義務」の承継で足りるとし，明確化のためにも**事業性**（有機的一体性や営業的活動の承継）は要件でないと立案担当者は説明しています。事業譲渡の成立要件である「事業」というのは，不明確だというのが立法担当者の考えのようです。しかし，机や椅子は会社分割の概念からほど遠く，まとまりのある事業性を要件とする見解も多数存在しています。

現行法の規定ぶりをもとに，**事業譲渡と会社分割の相違点**を挙げますと，①事業譲渡の対象は事業性を要しますが，会社分割の対象は規定の「用語」上では事業ではないとされます。②事業譲渡の相手方は会社に限定されないのですが，会社分割の承継人は会社に限られます。③事業譲渡の無効の主張方法については制約がありませんが，会社分割の無効は「**会社分割無効の訴え**」による必要があります。④事業譲渡では，譲渡会社の債務を譲受人が引き受けるには債権者の同意を要しますが，会社分割では，「債権者異議手続」が存在するため個別の同意は不要となります。そして，⑤会社分割には，「**会社分割に伴う労働契約の承継等に関する法律**」(「承継法」とも略称) があり，承継される事業に主として従事する労働者の雇用契約は，会社分割後の承継会社に引き継がれる旨 (同法3条) 規定されていますが，事業譲渡にはこのような法律はありません。

　ところで，会社分割の場合に，**承継される事業に主として従事する労働者の雇用契約が，会社分割後の承継会社に引き継がれるというのは，本当に労働者の保護になるのでしょうか。**これが**日本IBM事件** (最判平成22年7月12日民集64巻5号1333頁) で問題となりました (本件への疑問として，山下眞弘編著『弁護士として知っておきたい中小企業法務に現在』(第一法規，2021年) 143頁)。**元の会社に留まりたいという労働者の希望が無視される危険**があります。本件では，労働者への説明がなされたと裁判所が認定して，承継されたくないという労働者の要求が退けられました。なお，本件の事案は会社分割というよりも，内容的に**事業譲渡**ではないかということもできますが，会社側としては，会社分割と構成することで承継会社への労働者の承継を実現する意図があったのではないかとの見方もあります。

(2)　事業譲渡と労働契約の承継

　事業譲渡の「事業」は，個別財産の単なる集合体ではなく，一定の事業目的のため「組織化され有機的一体として機能する財産」（**事業性**の要件）であり，社会的活力を有するものであると解されています。その中核をなすものは，財産的価値ある「事実関係」（伝統，得意先関係，仕入先関係，営業上の秘訣，経営の組織，地理的条件など）であり，これによって事業はそれを構成する各個の財産の総和よりも高い価値を有することとなるのです。この価値を高める上で，「労働者」（会社法では「**使用人**」）の存在は大きいのですが，**労働契約の承継が常に事業譲渡の成立要件とまではいえない**ため，業種によって具体的に認定すべきであるといえます。たとえば，駐車場経営，出版社，あるいは精密機械製造業を比較しますと，そこで働く労働者の位置づけは自ずと異なります。

　駐車場は立地条件と設備があれば，無人でも営業が可能な業種といえそうですが，出版社は編集者という人的財産が重要となります。製造業でも熟練者が不可欠です。このようにみてきますと，**人的要素の大きい業種**では，事業譲渡が成立するためには**労働者の承継が重要**といえそうです。

　事業譲渡は，会社の事業の全部または重要な一部を譲渡することであり，譲渡の結果，譲受会社が事業を承継し，譲渡会社がこれまでの活動を維持できなくなるとか，大幅な規模の縮小を招くなど株主の利益にとって重大であるため，ここに**株主保護の要請**があるわけです。もちろん，**労働者の意思が重要**であることに変わりはありません。民法でも，譲渡会社は労働者の承諾なしには雇用契約関係を第三者に譲渡することができない旨（民法625条1項）定められています。

⑩ 抵当権と留置権の優先関係

　商人間の留置権（商事留置権）の目的物に不動産が含まれるかということが争われた事例があります。最高裁は，不動産は，商法521条が商人間の留置権の目的物として定める「物」に当たるとして，「**不動産も商事留置権の対象**」になるとの初めての判断を示しました（最判平成29年12月14日民集71巻10号2184頁）。これは難問ですが，ハイレベルに相応しい実務上の課題です。

(1)　不動産も商事留置権の対象か

　生コンクリートの製造等を行っている**X社**は，運送事業等を行っている**Y社**に対し，平成18年12月25日，**X所有の土地を賃貸**したが，平成26年5月15日，**X社がこの賃貸借契約を解除**した。他方，Y社は，この賃貸借契約終了前からX社に対し，**運送委託料の支払請求権**を有していた。X社はY社に対し，賃貸借契約終了により土地の明渡しを求めたが，**Y社は商事留置権（商法521条）の成立を理由**に，未払の運送委託料の支払を受けるまで土地を明け渡す必要はないとして，X社の請求を争ったという事案です。

(2)　不動産も商事留置権の対象とした最高裁判決

　「民法は，同法における「物」を有体物である不動産及び動産と定めた上（85条，86条1項，2項），留置権の目的物を「物」と定め（295条1項），不動産をその目的物から除外していない。一方，商法521条は，同条の留置権の目的物を「物又は有価証券」と定め，不動産をその目的物から除外することをうかがわせる文言はない。他に同条が定める「物」

を民法における「物」と別異に解すべき根拠は見当たらない。

　また，**商法521条の趣旨**は，商人間における信用取引の維持と安全を図る目的で，双方のために商行為となる行為によって生じた債権を担保するため，商行為によって債権者の占有に属した債務者所有の物等を目的物とする留置権を特に認めたものと解される。不動産を対象とする商人間の取引が広く行われている実情からすると，不動産が同条の留置権の目的物となり得ると解することは，上記の趣旨にかなうものである。

　以上によれば，**不動産は，商法521条が商人間の留置権の目的物として定める「物」に当たる**と解するのが相当である。」と判示しました。

(3)　残された問題点

　不動産を目的物とする商事留置権が成立するかという問題について，最高裁は，不動産も商事留置権の目的物である「物」（商法521条）に含まれるとして，商事留置権が成立すると判断しましたが，これは**当然のことを確認した**までと評価されています。

　ただし，**これまでの典型例**は，本件と異なって，「①金融機関から融資を受けるに当たり**土地に「抵当権」が設定された後**，②商人たる土地所有者が建築業者との間で当該地上に建物を建築する請負契約を締結し，**建物完成前に当該の「土地」について競売開始決定**がなされたところ，③建築業者が，その土地所有者による**請負代金未払を理由**に，その「**土地についての商事留置権**」の成立を主張した」という事案でした。この主張が認められますと，**土地の競落人（買受人）は請負代金に係るトラブルに巻き込まれる**ことになります。

　このような場合に，**留置権よりも抵当権を優先**するため，これまでの裁判例では，不動産も商事留置権の対象となる「物」（商法521条）には含まれるとしたうえで，①建築業者の「土地」の占有は，独立した占有

とはいえないことを理由に，商法521条の要件である「自己の占有に属した」ものとはいえないとして商事留置権の成立を否定し，②あるいは留置権制度をとりまく経緯等を理由に，不動産は商事留置権の対象とならないとするものもありました。いずれも，抵当権を実効性ある制度として維持しようとする立場です。

議論のポイントは，①抵当権設定が先になされていた場合，②後で留置権が主張された事案について，③後の留置権を優先させるのが妥当かという点にあります。これが妥当だとしますと，抵当物件の競落人（買受人）は，留置権者に他人の債務を弁済しない限り，目的物（土地）を取得できないことになりますが，それでいいのかという疑問が生じますが，本件最高裁は，これまでの典型例と事案が異なり，これには答えていないため，議論が残されました（山下眞弘「本件解説」金融・商事判例2019年1月1日号2頁，同・ビジネス法務2019年4月号150頁参照）。

第5章

税理士が知って役立つ実践論

(1) 会社による寄付行為

Q 会社は寄付や献金など何でもできるのでしょうか

　会社は法人（会社法3条）で，人間のように他の会社の株主になることも保証人になることもできますが，その「**権利能力**」（権利や義務の主体となり得る能力）は無制限ではないのです（民法34条）。法人である会社は，この点で個人商人と異なります。**個人に対して権利能力の制限はありません**。法人の能力は，**法令や定款記載の目的によって制限**され，違反した場合は無効とされますが，これでは取引が不安定となります。そこで，これまで**判例はグレーゾーンを有効にするよう解釈**してきました（最判昭和27年2月15日民集6巻2号77頁ほか）。

　ところで，一口に寄付といっても，地域社会への寄付はともかく，**会社の政治献金には憲法上の議論もあり**，たとえば，**八幡製鉄事件**が有名です（最大判昭和45年6月24日民集24巻6号625頁，判時596号3頁）。会社に出資した株主の政治に対する考え方は様々ですから，**特定の政党への寄付には議論**が生じます。その意味では，**特定の宗教団体への寄付**も議論がありそうです。また寄付や

慈善事業を目的にすることはできるかどうかなど，会社の**営利性**との関係での議論もありますので，寄付をする前に慎重な判断が求められます。

(2) 商号の選定

🅠 **商号の選定は原則自由であるが何でもよいでしょうか**

　会社の名称は**商号**で（会社法6条1項），「炭屋」という商号の旅館営業も，「花屋」という商号でレストラン営業もできます。**商号の選定は原則自由**ですが，まったくの放任ではなくルールがあります。①会社はその種類に従って会社の種類を表示しなければなりません（会社法6条2項）。逆に会社でもないのに会社と称すると100万円以下の**過料**に処せられます（会社法7条→978条2号）。なお，**過料**というのは行政処分で刑事罰の**科料**とは全く異なります。②銀行や保険は，その業務を表す文字を表示する必要があります。逆に，銀行でもないのに銀行を名乗ることはできません。③**不正な目的による商号の使用**もできないことに留意しましょう。違反すると過料に処せられます（会社法8条→978条3号）。

(3) 名義貸責任

🅠 **社名を他人に使わせると何か責任を負うことになるのでしょうか**

　これは「名板貸」ともいわれる名義貸人の責任関係の問題です。たとえば，Aが経営する有名な商号の「A商店」があり，Aから同じ「A商店」という商号をBが**使用する許諾**を得たとします。**名義貸の事実を知らないBの取引先C**は，Aの経営する**A商店**と**取り引きしていると誤認**する可能性が高いといえます。そこで，Bとの取引で債務が生じた場合に，**Bと共にAにも「連帯責任」**

（民法432条～445条）があるとされるわけです（商法14条，会社法9条）。

　Aが商人に限定されることは規定から明らかですが，**Bも商人であることが要件となるか**については，少し考える必要がありそうです。なぜなら，規定の上ではBが商人に限定される文言がなく，たとえば，**Bが商人に限定**されますと，**Aが学校や病院など非商人に名義を貸した場合**，名義貸責任の規定が適用されないこととなってしまい，Aが責任を問われない結論となります。そこで，Bを商人に限定しないという見解もありますが，多くの見解はBも商人に限定しています。いずれにしましても有償無償を問わず，名義を安易に貸すのは要注意です。

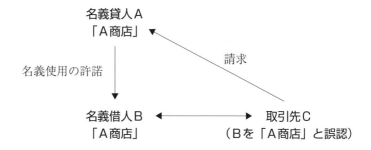

　ところで，**テナント契約は商号の貸与がありません**ので，この名義貸規定は直接適用されませんが，**営業主体の混同がある場合**には類推適用して，責任を問うようにするのが判例です（最判平成7年11月30日民集49巻9号2972頁）。本件は，スーパーマーケットがペットショップをテナント店として入居させていた事案ですが，テナント店でトラブルが発生し消費者からスーパーマーケットに責任追及をしたというものです。（山下眞弘『やさしい商法総則・商行為法〔第3版補訂版〕』（法学書院，2015年）34頁）。

(4) 類似商号のチェック

Q 会社設立や商号の変更で留意すべき点は何でしょうか

旧商法では**類似商号の有無のチェック**が必要でしたが，**同一住所で登記**している他人と同じ商号は登記できないと規制緩和されました（商業登記法27条）。その結果，他の会社であると誤認されるような商号を使用する場合は別として，商号の**不正利用の目的**さえなければ，**同一本店所在地に同一商号の会社がないかどうかチェック**すれば，とりあえずは大丈夫といえそうです。

(5) 検査役調査の省略

Q 現物出資・財産引受で検査役調査が不要な場合とは

会社を設立する場合に，金銭以外の財産による**現物出資**（会社法28条1号）や会社成立を条件にする**財産引受け**があれば（同条2号），原則として検査役調査が必要となりますが（会社法33条1項），**価額が500万円以下**などの場合に例外があります（会社法33条10項）。現物出資については，新株発行の場合にも規制があり，裁判所に検査役の選任の申立てをする必要があります（会社法207条1項）。なお，検査役による調査の必要な場合は徐々に縮小される傾向にあります。

(6) 資本金ゼロ円の設立

Q 最低資本金制度が廃止されたが資本金ゼロ円の設立もできるでしょうか

資本金ゼロ円も可能とされますが，過度に資本を小さくする意味はないでしょう。現在でも，資本金の額は会社の信用度のバロメーターのひとつとして，意義があります。なお，設立時に出資

する財産の価額を定款で定める必要があるため（会社法27条4号），「出資額ゼロ円」は認められません。なお，設立後に資本金を減らしてゼロ円にすることもできることから（会社法447条），資本金の意義は小さくなってきたということもできますが，会社財産の確保手段という役割は認められます。

(7)　デット・エクイティ・スワップ（DES）

Ｑ　**負債を資本に変身させるうまい方法はあるでしょうか**

　「デット・エクイティ・スワップ（DES）」が活用されています。債務を負っている会社の相手会社（債権者）が，その**債権を財産として出資**（現物出資の一種）することで，債務を負っている会社の「**債務と株式の交換**」が実現します。これで債務者会社は**資本の充実**ができますし，債権者側としても不良債権の処理ができるというメリットが両者に生じます。この制度を活用できるように，**現物出資に検査役の調査を不要とする範囲が拡大**されました（会社法207条9項5号）。

(8)　全部株式譲渡制限会社

Ｑ　**株式には譲渡制限を付したほうがいいのでしょうか**

　会社法では，譲渡制限は株式の全部についても付すことができ（会社法107条1項1号），あるいは種類株式として一部についても付すことができるようになっていますが（会社法108条1項4号）。定款上，株式の一部でも譲渡制限を付していない会社は**公開会社**となり，公開会社は取締役会および監査役を設置しなければならない（会社法327条）など**機関設計の負担**が大きくなります。これを避けるには，全部株式譲渡制限会社（中小企業向き）にすれば

よいわけです。定款上の記載で確認できますので，記載をみておくのが重要です。

(9) 100%減資の方法

Q 企業再生目的の100%減資はどのようにすればよいのでしょうか

「全部取得条項付種類株式」を活用すればよいのです。これは，株主総会決議で種類株式の全部を個々の株主の同意なく強制的に**会社が取得**できるものです。その手続は，①定款で種類株式が発行できるようにします（会社法108条2項）。②**普通株式**を「全部取得条項付種類株式」（会社法108条1項7号）に変えて，③全部取得条項付種類株式を取得する**総会決議**をします。これで古い株式を会社が全部取り上げ，**新株発行**により新たなファンド等を株主として迎え入れるわけです。これが取得対価ゼロで実施されますと**債務超過**の会社再建に有効です。**100%減資は，資本金を減少させる「減資」と異なります。減資と増資を併せて行うことにより株主が一新され**，新しい株主が役員を選任することで経営体制が一新され，再生を目指すことになります。

Q 関連して，会社が100%自社株式を取得するのは可能なのでしょうか

その可否をめぐっては議論がありますが，会社が全ての株式を取得できるとしますと，会社自体が唯一の株主となりますが，その場合に総会は開けるのでしょうかという疑問が生じます。そこで，反対意見もありますが，会社法立案者の見解は，分配可能額を超えることを禁じた**財源規制**に従いさえすれば（会社法461条1項・166条1項ただし書・170条5項参照），100％自社株取得を否定しないようです。債権者を害さなければよいというのがその理由

のようです。

⑽　相続人に対する株式売渡請求

Q 経営に関係ない相続人から株式を買い取る方法はあるでしょうか

　　相続が起こると経営に無関心の相続人株主が現れることがあります。そこで，強制的に自社株を買い取る方法として，相続人に対する「売渡請求」があるわけです。その利用条件は，①定款に定めがあること（会社法174条），②相続を知って１年以内に手続すること（会社法176条１項），③「譲渡制限株式」に限られること（会社法174条かっこ書）です。これの問題点としては，「**株式相続人は総会で議決権の行使ができない**」ため（会社法175条２項），残りの**少数派に会社が乗っ取られる危険**があり，その防止策が議論の中心となります。**相続人に対する株式売渡請求の制度**は，経営にまったく関心のない相続人株主（ドラ息子）対策として登場したようですが，下手をしますとクーデターのように，少数派に会社が乗っ取られるリスクも無視できず，立法のあり方に議論が集中しています。解決策としては，「**株式相続人は総会で議決権の行使ができない**」（会社法175条２項）という点を見直すことも提案されています。

⑾　株式分散の防止

Q 株式による事業承継の場面でどのような制度が活用できるでしょうか

　　譲渡制限会社の経営者はＡに事業を承継させたいが，Ｂも株式を相続すると**株式が分散し経営が不安定**となるという問題があります。そこで，①**相続人に対する売渡請求**の方法もありますが，

これによれば現金が必要となりますので，②後継者以外に相続される株式を議決権制限株式にしておく方法があります（会社法108条1項3号）。あるいは，③定款で定めれば議決権について株主ごとに異なる取り扱いができる制度を活用して（会社法109条2項），後継者でないBが相続する株式について議決権を制限すればよいわけです。

⑿　株主平等原則の例外

Q 株式数に応じて株主が平等に扱われるのには例外があるでしょうか

　　株主は平等に扱うべきであるという**株主平等の原則**は会社法の基本原則で，保有する**株式の内容および数に応じて株主は平等に扱われます**（会社法109条1項）。株式数の同じ株主は，剰余金の配当や残余財産の分配も同額で議決権行使も同等であり，これが株主平等の原則の内容です。株主の持ち株数を度外視して個人を同じ扱いにするという意味ではありません。例外として「**種類株式**」がありますが，同じ種類株式を有する株主間では平等の取り扱いを要します。そこで**株主平等原則の完全な例外**として，**剰余金配当・残余財産分配・議決権**（会社法105条1項）について，株主ごとに異なる取り扱い（**属人的定め**）が認められる制度があります（会社法109条2項）。

⒀　従業員持株会

Q 従業員持株会制度にはどのような利用目的があるのでしょうか

　　これは，従業員に自社の株式保有を容易にさせるため，会社が特別に便宜を与え奨励する制度です。この制度は，従業員に財産

を形成させ，経営参加意識を持たせ，また安定株主の確保にも有効に機能します。さらに，株式の一部を**持株会**に売却して持株を減少させると，**オーナー社長の相続税対策**にも役立つ可能性があります。**持株会の設立形態**としては，「民法組合」（民法667条）がほとんどの会社で採用される形態となっているようです。

　従業員持株会では，従業員が退職時に会社または持株会に，従業員が取得した価額と同額で株式を譲渡する義務を負うと定めている例が一般的とされていますが，このような**強制的な売却条項**が有効かどうかには議論があります。判例は，**契約の自由**を広く認め，一定の配当を受けていたような場合は，このような売却条項は公序良俗などに反していないと結論づけていますが（最判平成21年2月17日判時2038号144頁），低額配当や株式保有期間によっては，同額では問題とされる場合もあるでしょう。しかし，とくに閉鎖型の中小会社では，通常は株式譲渡が困難ですから，取得価額と同額での売渡しを強制しても，株主の投下資本回収に寄与するとみれば，このような売却の強制も基本的に有効ということもできそうです。なお，従業員の取得価額で会社が買い取った結果，会社に損害が生じたとしても，原則として取締役の責任は問われないと解されています。従業員持株制度の円滑な運営に寄与した結果と受け止められるからでしょう。

⑭　中小会社の機関

Q　中小会社の機関設計にどのようなものがあるでしょうか

　いかに小規模な閉鎖会社であっても，**株主総会と取締役1人**は最低限必要となります（会社法326条1項）。この場合の総会権限は万能（会社法295条）で，招集手続も大幅に簡素化されます。**会**

計参与は任意に設置できますが，**機関設計**は完全に自由ではないことに留意する必要があります。**取締役会**を設置した会社は，**監査役**または三委員会等のいずれかを設置する必要があり（会社法327条），取締役会を設置しない会社は，監査役会および三委員会の設置ができないなどの制約があります。なお，**機関設置義務に違反**しますと，義務者は**任務懈怠責任**（会社法423条1項）と**過料**（会社法976条22号）の制裁に服することになります。なお，科料は刑罰ですが，ここでいう**過料は行政処分**です。

⑮ 株主総会決議のルール違反

🅠 **株主総会の決議にルール違反があったらどうなるでしょうか**

　法律違反の決議がすべて無効とされますと，決議に基づいてなされた法律関係が決議無効に連動して無効となり，会社の外部との取引関係で問題が生じます。そこで会社法では，違反の大きさで類型化し3つの制度があります。①**決議取消しの訴え**（会社法831条）は，**総会の招集手続**や決議方法の法令定款違反，利害関係人の参加による不当決議，決議内容が「**定款**」（法令ではない）に違反する場合です。②**決議無効確認の訴え**（会社法830条2項）は，違法配当など決議の**内容**が「**法令**」に**違反**する場合です。③**決議不存在確認の訴え**（会社法830条1項）は，議事録だけあって総会が開かれなかった場合など重大なルール違反で**決議の存在を否定すべき場合**に認められます。たとえば，株主総会の招集通知漏れは，**総会の招集手続の違反**にあたりますので，決議取消しの対象となりそうですが，ほぼ全株主に通知漏れがあるような極端な場合は，決議不存在と評価されるでしょう。したがって，3つの類型の当てはめは微妙な場合もありそうです。

⒃　取締役会決議のルール違反

Q　取締役会決議にルール違反があった場合どうなるでしょうか

　　取締役会決議の手続や内容に瑕疵がある場合には，明文の規定がないことから，原則として**決議は無効**となります。しかしながら，取締役会決議に基づいて，様々な法律関係が積み重なっていきますので，決議を全て無効にしてしまうと，法的安定性を害することになるという問題が生じます。そこで，最高裁は，取締役が利益相反取引を行うに当たって（会社法356条1項2号，365条1項），一部の取締役（いわゆる**名目的取締役**）に招集通知を発せないまま開催した取締役会決議に基づいて取引を行った事案について，「その取締役が出席してもなお決議の結果に影響がないものと認めるべき**特段の事情**があるときは，右の瑕疵は決議の効力に影響がないものとして，**決議は有効**になると解するのが相当である」と判示しました（最判昭和44年12月2民集23巻12号2396頁）。また，同様に，漁業協同組合の理事会で**特別利害関係人である理事**を議決に参加させて成立した決議について，当該理事を除外してもなお決議の成立に必要な多数の賛成が得られている場合は，決議は有効であるとしています（最判平成28年1月22日民集70巻1号84頁）。いずれも妥当な判断といえるでしょう。

⒄　会社役員の責任

Q　役員とくに取締役の責任は会社法でどれぐらい軽減されたでしょうか

　　役員等の**会社に対する損害賠償責任は任務懈怠責任**とされ，原則として過失のあるときにだけ責任を負うことになっています（会社法423条1項）。この責任は，総株主の同意があれば免除さ

れますが（会社法424条），免除要件が厳格なため**総会決議による一部免除の制度**（会社法425条）や特別な免除もあります（会社法426条）。次に，**第三者に対する責任**については，悪意（知ること）または重過失（うっかりが重大）があったときだけ責任を問われます（会社法429条1項）。会社に対する責任は**過失**があれば問われますが，第三者に対する責任は**単なる過失**では責任を問われないという違いがあることに留意しましょう。なお，「役員」とは，取締役・会計参与・監査役（会社法329条1項）を指します。

⒅　会計参与の責任

Q 会計参与の就任要請を受けるとして留意すべき点は何でしょうか

　会計参与は取締役と「共同して」計算書類等を作成するのがその職務内容です（会社法374条1項）。職務遂行上で必要な費用は前払請求できます（会社法380条）。会計参与は「社外取締役」（会社法2条15号）と同様の責任があり（会社法423条1項・424条・429条1項），株主代表訴訟の対象（会社法847条）にもなるという重い責任が課されます。会計参与に就任する際には，会社と契約書を交わし責任限定条項を入れるなり，保険の活用も検討しておくべきでしょう。会計参与は会社債権者（第三者）との間には法律関係がないので，**民法709条の不法行為責任と法定責任（会社法429条）**が課されます。計算書類等の備置きも求められるので債権者との応対が必要となります。なお，会計参与と監査役・取締役・使用人とは兼任が禁止されていますが（会社法333条3項1号），顧問税理士との兼任禁止規定はありません。

⒆　名ばかり役員の排除

Ｑ　名目的な役員をすべて解任するにはどうすればいいでしょうか

　　名目だけの役員の存在は無駄ですので，株主総会の決議によって解任（会社法339条1項）するのが直接的ですが，解任された役員から損害賠償を請求されるリスクもありますので，慎重に対応すべきです。そこで「**取締役定年制**」を置くか，**任期満了退任に持ち込むのが安全**でしょう。その意味では，取締役の任期を必要以上に長期間としないのが無難でしょう。**損害賠償請求をされない解任の条件となる「正当理由」**は厳格で，それは役員が「法令・定款違反行為」をしたような場合です（会社法339条2項）。多少の能力不足では解任の正当理由とはされないことに留意しましょう。なお，解任決議が否決された場合には，「**解任の訴え**」制度（会社法854条）もあります。

⒇　決算公告の義務違反

Ｑ　零細な小株式会社でも決算公告義務に違反したらどうなるでしょうか

　　株式会社である限り，**決算公告**は会社の規模を問わず義務とされています（会社法440条1項・3項）。義務違反には行政処分として**過料**がありますが（会社法976条1項2号），特例有限会社（整備法28条）および持分会社にはこの決算公告義務がありません。**合同会社**の社員は会社債権者に対して間接有限責任しか負いませんので，株式会社と同じく**会社債権者に計算書類を開示**する必要があり（会社法625条参照），**合名会社・合資会社**においては，社員についてのみ閲覧・謄写が認められます（会社法618条1項）。いずれの持分会社にも，貸借対照表の公告は要求されていません。

なお，ここでの過料と異なって，紛らわしいですが**科料**は刑事罰ですので区別しておきましょう。

(21) 粉 飾 決 算

🄠 **粉飾決算で配当金が払われたら後始末はどうなるでしょうか**

　黒字粉飾は，旧商法では**無効**（ゆえに**不当利得**）とされていましたが，会社法の立法担当者はこれを**有効**と理解した上で，株主**に配当金の「帳簿価額」による返還を請求できる**と規定しています（会社法462条1項）。**不当利得**（民法703条）では，「**利益の存する限度**」での返還に留まるからでしょう。株主からの返還が実現困難な場合に備えて，**取締役も連帯責任を負うことになります**（会社法462条1項・2項）。連帯責任を果たした後で，取締役は**違法配当を知る（悪意の）株主に求償**できます（会社法463条1項）。会社債権者も，そのような株主に対し，会社への返還を請求できます（会社法463条2項）。そこで，株主が返還した場合，**配当課税**はどうなるでしょうか。違法配当であることを知っていた株主でも，**更正の請求**が認められるのでしょうか。国税通則法23条との関係で興味深いところですが，更正の請求が認められるのは相当にハードルが高いようです。

　これに関連して，詐欺や盗取などの**不法行為による利得**はどうでしょう。**所得税法上の利得の概念**は，**所得の発生原因である債権の成否とは関係なく，納税者が経済的にみて利得の支配を確定**したといいうる状態に達しさえすれば，その**利得は所得を構成す**るとされています。したがって，**不法な利得も所得として実現**されたものと解されます。そのため，たとえば，盗取によって収受した者がその金員を法律上保有できないとしても，しかもその金

員を返還しても課税対象となることに変わりはありません（山下眞弘編著『弁護士として知っておきたい中小企業法務の現在』（第一法規，2021年）91頁〔山下宜子税理士〕参照）。

⑵　使用人兼務取締役の賞与

Q　使用人兼務取締役の役員賞与の手続はどうなるでしょうか

　会社法では，**報酬等の意義**を取締役の「報酬，賞与その他の職務執行の対価」として，会社から受ける財産上の利益（**報酬等**）と明確に規定し（会社法361条），名目が何であっても総会決議（会社法309条1項）によることとされています。使用人と取締役を兼ねている場合（**使用人兼務取締役**），会社から受ける「財産上の利益」に該当するわけですが，それが**使用人としての職務の対価**である限り，会社法361条の規制対象とはなりません。ただし，**使用人としての職務の対価**であるということを明らかに区別する必要があるでしょう。

⑶　組 織 変 更

Q　株式会社と持分会社の間で会社種類の入れ替えはできるでしょうか

　これは「**組織変更**」という制度（会社法743条以下）で，総株主（会社法776条1項）あるいは持分会社の総社員（会社法781条1項）の同意で認められます。会社が組織を変更するためには，会社法による**組織変更**ではない方法でも可能です。たとえば，合同会社が受け皿として100％出資の株式会社を設立し，合同会社が消滅会社となる形で吸収合併を行えば（合同会社が株式会社の中に入り込む形），もとの合同会社が株式会社に組織変更したのと同じ結

果となります。しかし，これは余計な手間ですので，会社法の**組織変更**の手続きによるべきでしょう。

　なお，合名会社・合資会社・合同会社（この３種を「持分会社」という）の中で種類を変更するのは，「**定款変更**」（会社法638条以下）であって，会社法の定める**組織変更**ではありません。持分会社は同質の会社ですので，組織変更による必要がないとされているわけです。

⑭　特例有限会社の他社変更

Ｑ　特例有限会社を他のタイプの会社に移行させる時期はあるのでしょうか

　商号変更を中心とした**定款変更**により，特例有限会社は真の株式会社に移行できますし，**組織変更**により合同会社などに移行することもできます。その時期に制約はないのですが，この手続を実行すると**元に戻れない**ので注意しましょう。そこで，特例有限会社に留まるか，他の会社類型へ変更するかを決断する必要があります。①**株式会社へ移行**（整備法45条）しますと，**譲渡制限株式会社**となり，しかも「**決算公告義務**」が発生します。②**合同会社に移行**した場合は，取締役という機関も不要で（会社法590条１項），決算公告義務もないという簡素な会社になります。③**特例有限会社**に留まりますと，**特例有限会社を存続会社とする合併ができない**という不便があります（整備法37条）。なお，株式会社である**特例有限会社**については，整備法２条以下で詳しく定めています。

㉕　パス・スルー課税見送りの合同会社

Q　**会社法で創設された合同会社の特色は何でしょうか**

合同会社の「パス・スルー課税」は見送られましたが，本来，この課税方法が個人にとって本当に有利かは疑問だったのです。しかも，合同会社も法人であるわけですから，合同会社だけ他のタイプの会社と切り離してパス・スルー課税とするのは疑問であったわけです。それでも合同会社が生まれたのですが，合同会社制度を創設した意味はどこにあるのでしょうか。

合同会社は，出資者の「**間接・有限責任**」を確保しつつ，「**定款自治**」（定款で自由に定めること）を満たし，人的組織として会社内部は**「組合」的規律**が適用される会社類型です。①各社員に**退社**を認め，②社員全員が**業務の執行権**を有します。③出資は**全額払込制で金銭その他の財産に限定**され，④債権者に**計算書類の閲覧請求権**を与えるだけで，計算書類の公告義務はなく，⑤株式会社と同様の**資本制度**があり**財源規制**が課され，⑥**第三者に対する業務執行者責任**の規定も株式会社と同様なのです。

㉖　対価柔軟化と三角合併

Q　**合併対価の柔軟化と三角合併というのはどういうものでしょうか**

会社法では，対価を存続会社の株式に限定せず，金銭や他の会社の株式等でもよいとされています（**対価の柔軟化**）。これによりますと，たとえば，親会社Ｐ社の子会社Ｓ社がＡ社を**吸収合併**する場合（Ａ社がＳ社法人に入り込みＳ社と一体化）に，対価として子会社Ｓ社株ではなく親会社**Ｐ社株を交付**することができ，そうすればＳ社の株主構成に変更が生じません。そこで，Ｐ社・Ｓ社間の親子関係にも変化がないという結果が得られます。このような

合併を**三角合併**といいます。

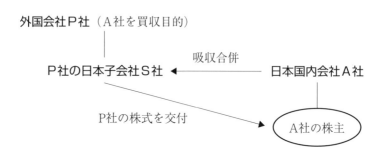

外国会社P社（A社を買収目的）

P社の日本子会社S社 ← 吸収合併 — 日本国内会社A社

P社の株式を交付 → A社の株主

　このように，**外国会社が現金を使わずに日本の会社を買収**したいとき，合併の対価として現金に代えて株式を利用すればよいのですが，**外国会社と国内会社との合併**は会社法上できるかどうか議論があります。そこで安全のため，外国会社が日本で買収の受け皿として**日本の子会社**を設立し，その会社を合併会社とし，しかも合併の対価として**外国会社の株式**を使えば，事実上，国境を越える合併ができるというわけです。それでは，**外国会社と国内会社とが合併**するのに何が問題だというのでしょうか。**問題がないという見解**（江頭憲治郎『株式会社法（第8版）』（有斐閣，2021年）890頁）も有力ですが，これには反論もあります。すなわち，登記所に審査能力がないとか，外国会社は会社法にいう会社（会社法748条）ではないとの理由で，**国境を越える組織再編は認められないとの見解**です。これは立法担当者の見解でもあるようです。しかし，基本的にはそうだとしても，立法論として，もう少し柔軟に考えてはどうかとの提案もあります（龍田節＝前田雅弘『会社法大要（第2版）』（有斐閣，2017年）567頁）。現に，**国境を越えた事実上の合併**が可能なのです。

⑵⑺　100%子会社との合併

Ｑ　100%子会社と合併するのに合併手続は要るでしょうか

　　90％以上の支配（特別支配会社－親会社）・被支配（子会社）の関係にある親子会社間で，合併する場合は，**被支配会社で決議を要求しても意味がないので，子会社での総会承認手続は原則として不要**とされます。これを**略式合併**といいます（会社法784条１項本文）。このように手続が簡略なタイプには，対価が一定額以下の「**簡易組織再編**」もあります。これは小規模な譲受けのため影響が小さいことによります。たとえば，事業譲渡の場合，譲渡する資産の規模が小さい場合（会社法467条１項２号），譲渡会社での株主総会決議は不要とされます。また，譲受会社が譲渡会社に支払う譲受の対価の額が，譲受会社の純資産額の20％以下の場合ですと，譲受会社にとって影響が小さいため，譲受会社での総会決議を要しないこととされます（会社法468条２項）。

⑵⑻　事業譲渡当事者の責任

Ｑ　事業譲渡によって譲渡・譲受両会社はどのような責任を負うのでしょうか

　　債権者Ｘから取立てを迫られたＡ社は，その債務を残したままＹ社に事業を譲渡し，譲受人Ｙ社がＡ社の「商号」を引き続き使用して事業を承継したところ，Ｙ社は，債権者ＸからＡ社の債務について支払の請求をされたとしましょう。この場合，会社法22条・23条は，**Ｙ社がＡ社の商号を引き続き使用するとＹ社も連帯して責任を負う**と規定しています。同一（類似）商号を引き継ぐ場合は要注意です。Ｙ社がＡ社の**債務引受**（民法470条以下）をしていなくても，商号を引き継ぐだけで**Ａ社と連帯して責任を負う**

ことになります。

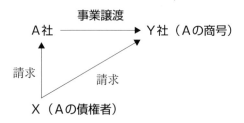

　それでは，Ｙ社によるＡ社の「**屋号**」「**略称**」「**標章**」「**マー
ク**」などの続用の場合はどうなるでしょうか。規定上は**商号**と明
記されていますが，これに限定する必要もないというのが多くの
見解です（山下眞弘「判例評釈」金融・商事判例1494号，同「商号続
用責任規制（会社法22条）はどう解されるべきか」ビジネス法務2016年
8月号・9月号（中央経済社）参照）。

＜参考資料＞

【改正債権法のポイント】（2020（令和２）年４月１日施行）

① 錯誤は無効から取消に変更し，「動機の錯誤」も明文化（民法95条）

② 消滅時効期間の短期化（民法166条）

　　・　権利行使できることを「知った時」から５年（主観）

　　・　知らなくとも客観的に権利行使できるときから10年で時効消滅
　　　　（ただし，民法167条～169条に留意）

　　・　各種の消滅時効期間は廃止し，上記に一本化

　　・　経過措置に留意（民法改正附則10条４項）

　　・　改正法施行前の契約締結なら旧法を適用

③ 時効完成を止める制度名称の変更（民法147条以下）

　　中断を更新に，停止を完成猶予に変更

④ 書面の合意による協議中は最長５年間時効完成せず（民法151条）

⑤ 変動制の法定利率の導入（民法404条）

　　・　年３％でスタートし，３年ごとに見直す

　　・　商事法定利率（商法514条）廃止

⑥ 「事業用」資金に関する事業関係者外の個人保証の要件化（保証人保護）

　　書面による保証契約＋契約前に保証意思等を明記した公正証書作成

⑦ 「債務引受」の明文化（民法470条以下）

　　従来は新たな債務者が加わる債務引受の規定なし

⑧ 「定型約款」の明文化（民法548条の２～４）

　　定型的な取引で契約内容をあらかじめ定めた条項を準備

　　（例）　預金規定，ソフトウエア利用規約，保険約款，クレジットカード規約

- ・ 「定型約款」の定義が不明確なため限定的に適用
- ・ 約款による契約内容を不知のために生じるトラブルを防止（合意認定）
- ・ 定型約款が契約内容となるには，約款によることが合意されていること
- ・ 経過措置に留意（民法改正附則33条１項）

  旧法の下で締結されても新法を適用

  ただし，同条２項・３項で施行日までに書面による反対の意思表示あれば旧法適用

⑨ **金銭消費貸借契約は要物契約**（民法587条）
- ・ 書面等による例外として**諾成契約の余地あり**（民法587条の２）
- ・ 書面等を要求することで当事者が慎重となる効果を期待
- ・ 書面等で契約成立後でも，金銭引き渡しまでは契約解除可

⑩ **賃貸借の契約期間を20年から50年に延長**（民法604条）

  資材置場等の土地利用にも便宜提供

⑪ **敷金の明文化**（民法622条の２）

⑫ **委任（無償）が有償の場合に関する規定の明文化**（民法648条）

⑬ **寄託契約について，「要物契約」を「諾成契約」に変更**（民法657条）

⑭ **「瑕疵」を「契約の内容に適合しない」に変更**（民法562条１項）

  売買で目的物に問題があるような場合に「瑕疵」では不明確なため

⑮ **改正法適用に関する経過措置**
- ・ 改正法施行後の出来事に新法適用（原則）。ただし，例外に注意
- ・ 不法行為債権の時効（改正附則35条１項・２項）
- ・ 定型約款の遡及的適用（同33条１項）などに留意

【改正相続法のポイント】（基本的には2019（令和元）年７月１日施行）

① **配偶者居住権の創設**

  高齢配偶者を保護するため，一定の要件を具備すれば無償で居住建物を終生にわたり使用・収益できる権利（民法1028条以下）

<参考資料>

「**配偶者短期居住権**」は，居住建物の相続人等に対し，遺産分割の確定した日または相続開始の時から6か月経過する日のいずれか遅い日までの間，無償で使用できる権利（民法1037条以下）

② 遺産分割における配偶者の保護

婚姻期間20年以上の夫婦間での居住用不動産の遺贈等については，持戻し免除（遺産に不算入）の意思表示を推定（民法903条4項）

③ 遺産分割前の預貯金債権の行使に係る特則

相続預貯金債権の一定割合について単独の権利行使を認める仮払制度（民法909条の2）の創設

④ 遺産の一部分割

遺言で禁じた場合を除き遺産の一部に対する分割協議も有効（民法907条）

⑤ 相続分指定ある場合の債権者の権利行使

相続債務に係る債権者の権利行使が，原則として遺言の指定に影響されず，「法定相続分割合」による権利行使が可能（民法902条の2）

ただし，債権者が共同相続人の1人に対して指定相続分を承認した場合は別であることに留意

関連して，法定相続分を超える部分について，第三者に対抗するためには登記，登録その他の対抗要件を具備すること（民法899条の2）

⑥ 遺言執行者の権限，復任権の明確化（民法1012条以下）

⑦ 自筆証書遺言の方式の緩和

- ・ パソコンによる財産目録の作成も可（民法968条）
- ・ 公布日から6ヶ月後（2019年1月13日）に先行施行

⑧ 遺留分制度の見直し（民法1042条以下）

- ・ 遺留分減殺請求権を遺留分侵害額請求権に変更
- ・ 1年間の消滅時効，相続開始時から10年経過でも消滅

⑨ 特別寄与料の創設（民法1050条）

相続人以外でも介護等に尽くした**親族**（息子の妻など）に報いる制度

⑩　自筆証書遺言保管制度（法務局における遺言書の保管等に関する法律）

（2020年 7 月10日運用開始）

【相続登記義務化のポイント】（民法・不動産登記法改正案）

2023（令和 5 ）年度より順次施行予定

①　土地・建物の相続登記義務化

　ただし，不動産売買の所有権移転については，登記は義務でなく「対抗要件」に留まるという点は従来通りで，**相続の場合だけ登記が義務化**

②　相続人申告登記制度の新設

　登記の期限に間に合わない場合は，相続人の氏名や住所などを登記

③　不動産所有者の住所・氏名変更登記の義務化

　これらに変更があれば 2 年以内に登記

④　遺産分割協議の期間設定

　相続開始から10年を過ぎると，原則として法定相続分

⑤　土地所有権の国庫帰属制度の新設

　一定の条件を満たした土地を国が引き取り，10年分の管理費を相続人が負担

【民法改正に伴う商法・会社法改正ポイント】（2020（令和 2 ）年 4 月 1 日施行）

①　商事法定利率（商法514条）の廃止

　改正民法404条 3 項に連動

②　商事消滅時効（商法522条）の廃止

　改正民法166条 1 項 1 号に連動

③　契約申込みに関する商人の特則（商法507条）の廃止

　改正民法525条 3 項本文に連動

④　有価証券に関する規定（商法516条 2 項，517条〜520条）の廃止

　改正民法520条の 2 〜520条の20に有価証券に関する規定新設に連動

⑤　**詐害的営業・事業譲渡，詐害会社分割に係る債務履行請求期間の改正**

　　改正民法426条に連動し，20年を10年に変更

　　商法18条の２第２項後段・会社法23条の２第２項・759条６項・761条６項・
764条６項・766条６項の改正

⑥　**瑕疵担保責任が契約不適合責任**（商法526条２項３項）**に改正**

　　改正民法562条１項・566条に連動

⑦　**危険負担の規定**（商法576条１項）**削除**

　　危険負担に係る民法534条の削除に連動

⑧　**時効の完成に係る規定**（会社法545条３項，手形法71条・86条１項，小切手法52
　　条・73条）**の改正**

　　改正民法が時効の中断を完成猶予と更新に再構成したことに連動

⑨　**錯誤による無効が取消に変更**

　　改正民法95条に連動し，会社法51条２項・102条６項・211条２項改正

⑩　**消滅時効の起算点の明確化**

　　改正後商法567条・765条，会社法701条１項・２項・705条３項，保険法95条
１項・２項）「これを行使することができる時から」等の追加

　　改正後商法798条２項も明確化（改正後民法724条１項との整合性のため）

【改正債権法の文献案内】

有吉尚哉『民法改正の要点が分かる本』（翔泳社，2017年）

熊谷則一『３時間でわかる！民法改正』（日経新聞出版社，2017年）

長島・大野・常松法律事務所／松尾博憲編著『Q&A改正民法の要点』（日経新聞出版社，2017年）

日弁連『実務解説改正債権法』（弘文堂，2017年）

早稲田リーガルコモンズ『改正民法要点のすべて』（日本実業出版社，2017年）

【改正相続法の文献案内】

東京弁護士会親和全期会『事例で分かる相続法改正』（自由国民社，2019年）

窪田充見『家族法（第４版）』（有斐閣，2019年）

二宮周平『家族法（第５版）』（新世社，2019年）

米倉裕樹『条文から読み解く民法「相続法制」』（清文社，2018年）

安達＝吉川＝須田＝安重『相続法改正ガイドブック』（日本加除出版，2018年）

【会社法の文献案内】

伊藤＝大杉＝田中＝松井『会社法（第５版）』（有斐閣，2021年）

江頭憲治郎『株式会社法（第８版）』（有斐閣，2021年）

神田秀樹『会社法（第23版）』（弘文堂，2021年）

田中亘『会社法（第３版）』（東大出版，2021年）

中東＝白井＝北川＝福島『会社法（第２版）』（有斐閣，2021年）

宮島司『会社法』（弘文堂，2020年）

前田庸（神田秀樹＝神作裕之補訂）『会社法入門（第13版）』（有斐閣，2018年）

龍田節＝前田雅弘『会社法大要（第２版）』（有斐閣，2017年）

辺見＝武井編・会社法実務ハンドブック（商事法務，2015年）

三原秀哲『改正会社法の要点が分かる本』（翔泳社，2015年）

山下眞弘編著『会社法の道案内　ゼロから迷わず実務まで』（法律文化社，2015年）

索　引

著 者 紹 介

山下 　眞弘（やました　まさひろ）

弁護士（大阪大学名誉教授・関西大学博士）

【研究分野】 会社法・事業承継法・国際手形法・労働法・信託法ほか

【主要著書】 （刊行順）

『弁護士として知っておきたい　中小企業法務の現在』（編著，第一法規，2021年）

『中小企業の法務と理論　労働法と会社法の連携』（共編著，中央経済社，2018年）

『会社事業承継の実務と理論　会社法・相続法・租税法・労働法・信託法の交錯』（法律文化社，2017年）

『会社法の道案内』（編著，法律文化社，2015年）

『やさしい商法総則・商行為法（第3版）』（法学書院，第2刷，2008年）

『やさしい手形小切手法（改訂版）』（税務経理協会，2008年）

『はじめて学ぶ企業法』（法学書院，2006年）

『中小企業の会社法　実践講義』（税務経理協会，第2刷，2006年）

『税法と会社法の連携（増補改訂版）』（共編著，税務経理協会，2004年）

『会社訴訟をめぐる理論と実務』（共編著，中央経済社，2002年）

『営業譲渡・譲受の理論と実際（新版）営業譲渡と会社分割』（信山社，2001年）

『会社営業譲渡の法理』（信山社，1997年）

『国際手形条約の法理論』（信山社，1997年）ほか

著者との契約により検印省略

令和3年7月1日　初版第1刷発行　　**税理士のスキルアップ民商法**
　　　　　　　　　　　　　　　　　―ひとまず読みたい実践の書―

著　　者　　山　下　眞　弘
発 行 者　　大　坪　克　行
製 版 所　　税経印刷株式会社
印 刷 所　　光栄印刷株式会社
製 本 所　　株式会社三森製本所

発 行 所　〒161-0033 東京都新宿区　　株式　**税務経理協会**
　　　　　下落合2丁目5番13号　　　会社

　　　　　振　替 00190-2-187408　　電話 (03)3953-3301 (編集部)
　　　　　ＦＡＸ (03)3565-3391　　　　　(03)3953-3325 (営業部)
　　　　　　　URL　http://www.zeikei.co.jp/
　　　　　乱丁・落丁の場合は，お取替えいたします。

ISBN978-4-419-06807-3　C3032